Andreas Braun

W0402276

SOCIAL TRADING

VOM KNOW-HOW DER CHAMPIONS PROFITIEREN

FBV

simplified

Redaktion: Marion Reuter
Korrektorat: Bärbel Knill
Umschlaggestaltung: Maria Wittek, München
Satz: Grafikstudio Foerster, Belgern
Druck: Konrad Triltsch GmbH, Ochsenfurt
Printed in Germany

1. Auflage 2013

© 2013 by FinanzBuch Verlag, ein Imprint der Münchner Verlagsgruppe GmbH
Nymphenburger Straße 86
D-80636 München
Tel.: 089 651285-0
Fax: 089 652096

Für Fragen und Anregungen:
braun@finanzbuchverlag.de

Bibliografische Information der Deutschen Nationalbibliothek: Die Deutsche Nationalbibliothek verzeichnet diese Publikation in der Deutschen Nationalbibliografie; detaillierte bibliografische Daten sind im Internet über **http://d-nb.de** abrufbar.

Alle Rechte, insbesondere das Recht der Vervielfältigung und Verbreitung sowie der Übersetzung, vorbehalten. Kein Teil des Werkes darf in irgendeiner Form (durch Fotokopie, Mikrofilm oder ein anderes Verfahren) ohne schriftliche Genehmigung des Verlages reproduziert oder unter Verwendung elektronischer Systeme gespeichert, verarbeitet, vervielfältigt oder verbreitet werden.

ISBN Print 978-3-89879-821-1
ISBN E-Book (PDF) 978-3-86248-474-4
ISBN E-Book (EPUB, Mobi) 978-3-86248-475-1

Weitere Informationen zum Verlag finden Sie unter

www.finanzbuchverlag.de
Beachten Sie auch unsere weiteren Verlage unter
www.muenchner-verlagsgruppe.de

simplified

Inhalt

simplified

DIE SIMPLIFIED-BUCHREIHE
WWW.SIMPLIFIED.DE

Portfolio Journal

PROFESSIONELLE VERMÖGENSPLANUNG & ASSET ALLOKATION

ein Service der BörseGo AG

Das 4-wöchige PDF-Magazin für Anleger & Investoren.

Erfahren Sie alles Wissenswerte über Fonds, ETFs, Hedgefonds, Anlagezertifikate und Ihre optimale Portfolio-Strukturierung!

Jetzt kostenlos abonnieren unter:

www.portfolio-journal.de

simplified

Einführung

Geldanlage per Internet, das ist für viele von uns längst zur Selbstverständlichkeit geworden. Banküberweisungen werden bequem von zu Hause aus erledigt. Vergleichsportale schaffen den schnellen Überblick, ob bei der Suche nach einer Autoversicherung oder nach dem besten Zinssatz fürs Tagesgeld.

Beim Investieren ist das weltweite Datennetz inzwischen die wichtigste Informationsquelle geworden. Die Auswahl des richtigen Investmentfonds, die neuesten Nachrichten von der Börse, die aktuellsten Meldungen aus den Unternehmen – das Netz liefert alles, überall und in Sekundenschnelle.

Von der Information zur Transaktion, also zum Kauf einer Aktie, eines Fonds oder auch dem Abschluss einer Versicherung, sind es da nur noch wenige Klicks. Die Zahl der Privatanleger, die ihre Wertpapiergeschäfte noch traditionell in der Bankfiliale abwickeln, schwindet weiterhin. Kostengünstiger, schneller und komfortabler ist die Bank im Internet oder der Online-Broker. Eine Tatsache, die den »traditionellen« Bankhäusern mit ihrem überladenen Filialnetz Kopfzerbrechen bereitet. Die neue schnelle Internet-Welt lässt sie ratlos zurück.

In dieser Welt sind die Möglichkeiten in den vergangenen Jahren weiter dramatisch gewachsen. Das Netz wird längst nicht mehr nur zur passiven Information genutzt. Es dient inzwischen genauso der Kommunikation und sogar der Mitgestaltung. Das »Social Web« erlaubt die gemeinsame Weiterentwicklung von Wissen. Die Mitglieder der »Community« bauen Verbindungen untereinander auf, die zuvor nicht möglich waren. Themen aller Art werden diskutiert, Problemstellungen aufgedeckt, und gemeinsam wird nach Lösungen gesucht.

Vom Konsumenten zum »Prosumenten«

Aus dem bloßen Konsumenten von Informationen im Internet ist damit der vielfach vernetzte User geworden, der gleichzeitig Produzent von Inhalten ist: Der »Prosument« in der Online-Gemeinde.

Das Social Web hat längst auch die Finanzwelt erreicht. Abseits der Bankenlandschaft entwickeln sich seit einigen Jahren neue Formen der Geldanlage. Dabei hat die globale Finanzkrise seit 2007 die Entwicklung noch beschleunigt. Viel Vertrauen in die »klassischen« Bank- und Vermögensberater, aber auch Fondsmanager ging nach dem Platzen der Hypothekenblase verloren. Die Lehman-Pleite und die anschließenden Rettungsaktionen für die »systemrelevanten« Finanzinstitute haben Spuren hinterlassen.

Anleger sehen sich seitdem zunehmend auf sich selbst gestellt. Sie finden oft nur in der Internet-Gemeinde die nötigen Informationen und die Unterstützung, um ihre Geldanlage stärker in die eigene Hand zu nehmen. Die Bereitschaft, alternative Formen des Investierens auszuprobieren, wächst.

Trader statt Vermögensverwalter

Genau hier setzt **Social Trading** an. Aus der bloßen Information und Kommunikation im »sozialen Netz« ist dabei eine neue Form der Geldanlage geworden. An die Stelle des Fondsmanagers oder Vermögensverwalters ist der »Top-Trader« oder »Social Guru« getreten. Er stellt seine Anlagestrategie zur Verfügung – die Anleger können zu »Followern« werden und seine Empfehlungen und Handelssignale übernehmen. Das geschieht zum Teil vollautomatisch und rund um die Uhr.

Neuartige Produkte sind auch im Fonds-Bereich entstanden. Privatanleger können inzwischen selbst zu kollektiven Portfolio-Managern werden. In »Mitmachfonds« investieren sie eigenes Geld und bestimmen damit die Zusammensetzung des Fondsvermögens. Oder sie nennen ihre Lieblingsaktien in Internet-Befragungen, und aus deren Ergebnissen entstehen dann Anlageprodukte.

Beim Social Trading geht es um mehr als nur Rendite. Der Anleger kann jetzt seinem Investment-Manager quasi über die Schulter schauen und dessen Strategie live verfolgen. Er kann zwischen Hunderten von Handelsansätzen den für ihn richtigen herauspicken. Und er kann seine Meinung äußern: bewerten, kommentieren, Kritik üben. Nicht zuletzt wird er ermutigt, sich selbst einmal zu versuchen als »Social Trader« unter den Augen der Internet-Gemeinde.

Gewinne für alle?

Auch im »sozialen Netz« spielen naturgemäß handfeste geschäftliche Interessen eine wichtige Rolle. Die Anbieter des Social Tradings verfolgen ihre gewinnorientierten Geschäftsmodelle und werden dabei von Investoren oder Partnerunternehmen mit deren eigener Interessenlage unterstützt.

In diesem Buch werden die Möglichkeiten und Angebote des Social Tradings vorgestellt und geprüft, wie der Anleger von ihnen profitieren kann. Es soll praktische Hinweise geben und Hilfestellung dabei bieten, sich in der Welt dieser neuen Geldanlage zurechtzufinden.

simplified

1 Die perfekte Welle: Das Social Web schafft einen neuen Trend

Social Trading wäre ohne eine Reihe von Entwicklungen in unserer Gesellschaft gar nicht möglich. Erst das Internet der zweiten Generation, auch Web 2.0 genannt, hat die technischen Voraussetzungen dafür geschaffen. Die neuen technischen Möglichkeiten haben in den vergangenen Jahren einen regelrechten Kulturwandel ausgelöst. Und dieses »Social Web« erfasst nun immer mehr auch den Bereich der privaten Finanzen.

1.1 Wie Social Media die Gesellschaft verändern

Das Social Web ist heute allgegenwärtig. Durch E-Mail, vernetzte Terminkalender, Instant Messaging, Telefonkonferenzen über die Internet-Datenleitung sind wir im Job allüberall vernetzt. Die ständige Erreichbarkeit wird via Blackberry oder iPhone hergestellt. Wir bearbeiten gemeinsam Projekte und Daten, die auf Servern irgendwo im Unternehmen vorgehalten werden. In der betriebseigenen Ideenbörse machen wir Verbesserungsvorschläge zu betrieblichen Abläufen. Wir sind im Job enger aneinandergerückt, in der Arbeits-»Community«.

Im Privatleben hat das Social Web einen noch größeren Einfluss. Über unseren Facebook-Account präsentieren wir unser virtuelles Ich und nehmen am Leben vieler Menschen scheinbar unmittelbar teil, die wir sonst womöglich niemals treffen würden. Äußerungen jeder Art werden über Twitter abgesondert. Wir laden Freunde und Verwandte – und vielleicht auch Unbekannte – zur Urlaubs-Diashow auf der Foto-Plattform Picasa ein, bewerten unsere Ferienreise auf Holiday-Check. Wir checken die Dax-Kurve in der U-Bahn und geben einen kleinen Marktkommentar im Börsenboard ab.

Das Smartphone oder der Tablet-PC dienen dabei als »Fernbedienung des modernen Lebens«, es piepst, blinkt und summt in unserer Hand – zu jeder Zeit, an jedem Ort.

Messenger und Wikis

Damit das Social Web überhaupt entstehen konnte, waren in den vergangenen Jahren einschneidende Innovationen notwendig. Die Anfänge liegen in den 1990er-Jahren. Mit der Einführung des ersten Internet-Browsers wurde das Netz überhaupt erst zum Massenmedium. Der Mosaic-Browser konnte als Erster eine grafische Benutzeroberfläche darstellen und verbreitete sich ab 1993 rasant. Schon 1994 wurde übrigens der erste mobile Browser »Pocket Web« für den Apple Newton entwickelt, einen frühen Vorfahren heutiger Tablet-Computer.[1]

Entscheidende Meilensteine für die Vernetzung der Internetnutzer waren die ersten »Wikis« und »Blogs«. Das erste Wiki, eine Ansammlung von gemeinsam zusammengetragenem Wissen – heute als »user generated content« bezeichnet – schuf Ward Cunningham am 25. März 1995. Es kann heute noch in seiner altertümlichen Form bewundert werden.[2]

Cunningham, selbst IT-Experte, sammelte auf seiner Plattform Ideen zur Software-Programmierung. Sein »WikiWikiWeb« (hawaiianisch für »schnell, schnell«) sollte beispielgebend für Wikipedia werden (gestartet 2001), die bis heute größte gemeinschaftlich erstellte Wissensplattform der Menschheit.

Noch in die 1990er-Jahre fällt ein Quantensprung in der Echtzeitkommunikation innerhalb des Internets. Die israelische Firma Mirabilis, bestehend aus vier Studenten, entwickelte den Instant Messenger ICQ. Das Kürzel steht dabei für »i seek you« – ich suche dich. Textbotschaften, aber auch Dateien konnten damit zwischen einzelnen Nutzern, aber auch ganzen Gruppen von Teilnehmern ausgetauscht werden.

Abgrenzung Web 2.0 und Social Web

Das Internet ist also bereits seit zwei Jahrzehnten mehr als ein bloßes Informationsmedium, eine Online-Zeitung. Der Begriff des Web 2.0, der eine neue »Version« des Internet suggeriert, wurde erst im Jahr 2004 nachgeliefert. Auf einer vom O'Reilly-Verlag organisierten Medienkonferenz zum »neuen Internet« definierten die Teilnehmer einen Rahmen, der das Web der neuen Generation abstecken sollte.[3] Dazu gehört vor allem der Plattform-Gedanke: Damit ist bereits die Verlagerung von Funktionen und Diensten gemeint, die heute auch die Cloud-Diskussion bestimmen. Projekt- oder Terminmanagement, Büro-Software, Texte und Fotos können direkt im Netz abgelegt werden und müssen nicht mehr dezentral auf einzelne PCs verfrachtet werden. Gleichermaßen wichtig ist der Service-Gedanke. Software im Sinne von Web 2.0 ist nicht mehr nur ein Produkt, sondern eine Dienstleistung, deren Qualität durch das Zutun ihrer Anwender verbessert werden kann. Als Paradebeispiel dafür dient das Erscheinen von Google: Hier stand, so die These, von Anfang an die fortwährende Weiterentwicklung entlang der Nutzerinteressen und Gewohnheiten im Vordergrund. Google ist keine Software, sondern ein Internet-Dienstleister.

Schon die Thesen der O'Reilly-Konferenz haben die »Nutzung kollektiver Intelligenz« zu einem weiteren Kernbestandteil des Web 2.0 gezählt. Diese Intelligenz der Vielen beginnt schon beim Setzen von Hyperlinks zur Verästelung des kollektiven Wissens. Auch die Bewertungsfunktionen, wie sie beim Internet-Kaufhaus Amazon früh angeboten wurden, schaffen eine »Weisheit der Vielen«.

Zum Web 2.0 gehören aber auch technische Standards wie neue Formen der Software-Entwicklung, technische Schnittstellen, die die Verteilung von Daten erleichtern. Nicht zuletzt hat das Web 2.0 auch ein typisches »Look & Feel«. Die Netz-Auftritte der neuen Generation kommen auf eine neue Art daher, die bei Kunstnamen für die Angebote beginnt und beim farblich aufgepeppten Design noch lange nicht endet.

In der Wissenschaft wird das Social Web vom Web 2.0 zumeist dadurch abgegrenzt, dass die technischen Rahmenbedingungen als gegeben hingenommen werden. Im Fokus des Social Web steht das, was Menschen mit diesen Möglichkeiten im Netz anfangen können. Nach den Wissenschaftlern Ebersbach, Glaser und Heigl ist dies die Gesamtheit der

> **»webbasierten Anwendungen, die für Menschen den Informationsaustausch, den Beziehungsaufbau und deren Pflege, die Kommunikation und die kollaborative Zusammenarbeit in einem gesellschaftlichen oder gemeinschaftlichen Kontext unterstützen sowie der Daten, die dabei entstehen, und der Beziehungen zwischen Menschen, die diese Anwendungen nutzen.«**[4]

Die Dienste und Anwendungen, in denen sich dieses Social Web entfaltet, sind uns alle geläufig:

In **Wikis** wird Wissen zu bestimmten Sachgebieten zusammengetragen.

Blogs sind autonome Kolumnen, die den Standpunkt des Schreibers einem Publikum vermitteln. In Kurzform übernehmen dies die **Microblogs**, die mit kurzen Textschnipseln vor allem auf einem mobilen Informationskanal »zwitschern«.

Soziale Netzwerke dienen der Kommunikation in mehr oder weniger abgeschlossenen Nutzerbereichen. Aber sie erfüllen längst auch die Funktion, sich eine eigene Online-Identität zu schaffen, Kontakte herzustellen und Geschäftsbeziehungen anzubahnen. Das bekannteste und größte soziale Netzwerk ist seit einigen Jahren – natürlich – Facebook.

Unter den Begriff **Social Sharing** fallen Daten oder Dienste, die der Nutzer der Gemeinschaft im Internet zur Verfügung stellt, ob es nun Video-Inhalte wie auf YouTube sind oder Produktbewertungen wie auf Amazon.

Die Autoren verorten die Social-Web-Anwendungen in einem Dreiecksmodell (s. Abbildung 1). Je nach Art der Dienste sind diese näher an der Funktion, der Information, der Beziehungspflege oder der Kollaboration angesiedelt.

Gemeinsam ist allen Social-Web-Diensten, dass sie diese drei Kerneigenschaften haben.

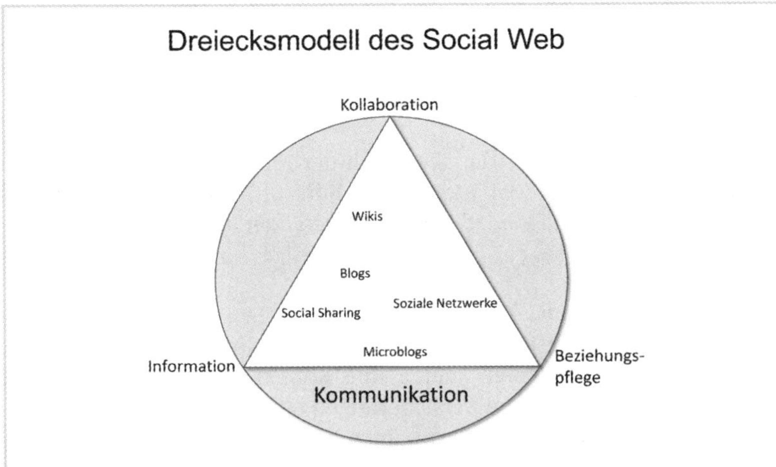

Abbildung 1: Dreiecksmodell des Social Web, Quelle: Ebersbach, Social Web

1.2 Anleger im Social Web

Die Entwicklung des Internets hat sich von jeher auch auf die Möglichkeiten der Geldanlage und des Investierens ausgewirkt. Die Börse und das Internet sind wie füreinander bestimmt – Information, Kommunikation und Transaktion greifen dank der technologischen Möglichkeiten ineinander. Die erste Blütezeit des Online-Handels und -Tradens ist in Deutschland eng mit dem Neuen Markt und der Technologieblase um die Jahrtausendwende verbunden.

Der Aktienkauf übers Internet wurde in den Jahren 2000 bis 2002 zum Massenphänomen, Online-Banken und -Broker schossen wie Pilze aus dem Boden. Die Verbreitung der Internet-Zugänge sorgte für die sekundenschnelle Information über Börsengänge, über Geschäftszahlen, Fusionen und Firmenpleiten.

Unversehens waren die Deutschen Teil einer Anlegergemeinde, die bereits eine starke Online-Basis hatte. Anleger-Communitys wie »Wallstreet-Online« oder »Ariva« entstanden. Ein reger Austausch über Chancen am Aktienmarkt setzte ein. Innerhalb der Gemeinde bildeten sich bereits erste »Leader« und »Follower« heraus, die gemeinsam den – meist schnellen – Börsenerfolg suchten.

Vertreter der Finanzindustrie, aber auch der Medienbranche versuchten den Spagat zwischen dem Aufbau der Börsen-Community im Internet und dem Verkauf von Finanzdienstleistungen oder auch nur von wertvollem Börsenwissen.

Die Deutsche Bank etwa lancierte im Jahr 2000 ihr Finanzportal »moneyshelf« mit dem Werbespruch »So vermehrt sich Geld« – und gewaltigem Marketingaufwand. Kunden sollten ihre Konten und Depots andocken und über den Vergleich von Versicherungen oder die Auswahl der richtigen Aktie gleich zum Abschluss kommen. Rund ein Jahr später wurde moneyshelf dichtgemacht. Vielleicht war das Projekt seiner Zeit voraus.[5]

Ähnlich kurz war die Halbwertszeit von »Neuermarkt.com«, einer Tochter der Deutschen Börse, die Anfang 2001 zum größten deutschsprachigen Anlegerportal ausgebaut werden sollte – mangels funktionierendem Geschäftsmodell aber bereits Ende 2001 vom Netz genommen wurde.[6]

Etwas später dran war die Handelsblatt-Gruppe, die zusammen mit der Nachrichtenagentur Reuters ihr Portal »sharper.de« aufbaute. Hier sollte auf die Geschwindigkeit des Börsengeschehens mit ebenso schnell geschriebenen Einordnungen von Unternehmensmeldungen und Marktbewegungen reagiert werden. Der Anklang in einer wachsenden Nutzergemeinde war groß, doch das Platzen der Börsenblase ließ die Werbeeinnahmen – genau wie bei Printmedien – einbrechen. Damit kippte auch dieses geschäftliche Fundament.[7]

Rückschlag für die Aktienkultur

Der Zusammenbruch des Neuen Marktes war ein schwerer Rückschlag für die deutsche Anlegerkultur, die gerade erst dabei war, sich zu entwickeln. Große Bevölkerungsteile wendeten sich von der Aktie als Anlage- und Vorsorgemöglichkeit ab. Kein Wunder, hatten viele von ihnen doch ihr Erspartes in der Hightech-Blase verloren. Symptomatisch für die Vernichtung von Anlegermilliarden war der Niedergang der Telekom-Aktie. Als Volksaktie beworben, brach sie von ihrem Allzeithoch im Jahr 2000 binnen zwei Jahren um rund 90 Prozent ein: Von über 100 auf rund zehn Euro. Tausende von Privatanlegern mit einem gestörten Verhältnis zur Börse und gewaltigen Verlusten blieben zurück.

Nach den dramatischen Tiefständen im Dax und im US-Leitindex Dow Jones setzte erst 2003 eine Erholung der Weltbörsen ein. Der folgende Aufschwung der Aktienmärkte hat sich zunächst ohne die Beteiligung vieler privater Anleger vollzogen. Erst nach einigen »guten Börsenjahren« stieg das Interesse an Aktien, aber auch an Finanzprodukten insgesamt wieder langsam an (siehe Abbildung 2).

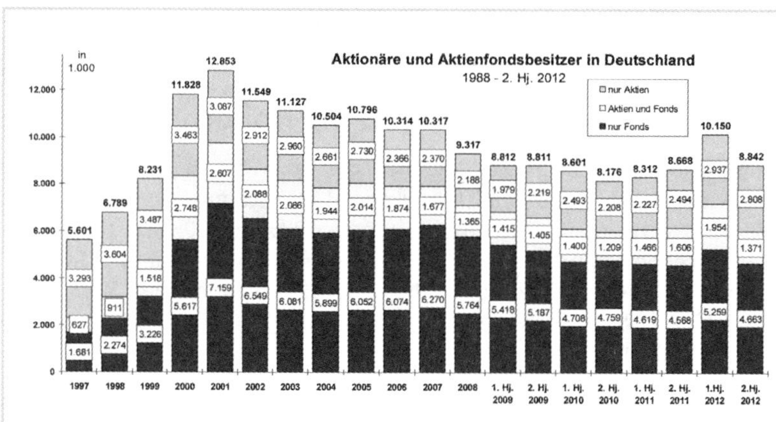

Abbildung 2: Zahl der direkten Aktionäre und Fondsanleger in Deutschland, Quelle: Deutsches Aktieninstitut

Es war vor allem die Niedrigzinspolitik der internationalen Notenbanken, die für weiteren Zulauf zur vermeintlich renditestärkeren Form der Geldanlage, der Aktie, sorgte. Nach einer jahrelangen Durststrecke stieg auch bei Privatanlegern das Interesse am Aktienmarkt wieder an.

Banken nutzten in den Folgejahren zudem neue Anlageprodukte, um den Vertrieb anzukurbeln und Kundschaft anzulocken. Der Boom der Zertifikate-Industrie setzte in den Jahren nach 2005 ein.[8] Zertifikate wurden massiv von Direktbanken, aber auch von klassischen »Hausbanken« wie Volksbanken und Sparkassen beworben und vertrieben.

Dazu kam mit den »Contracts for Difference«, kurz CFD, ab 2006 ein weiteres Instrument, das für Privatanleger aber erst einige Jahre später stark an Bedeutung gewinnen sollte (siehe dazu der Hintergrund zu CFDs in Kapitel 3).

Das Social Web brachte in Bezug auf Börsenangebote in den Aufschwungjahren bis 2007 kaum neue Innovationen zustande. Die Online-Communitys, die den Zusammenbruch des neuen Marktes überlebt hatten, wurden zum Teil von Medienunternehmen aufgekauft, zum Teil verwandelten sie sich in IT-Dienstleistungsunternehmen in Sachen Kursversorgung oder beim Aufbau von Internetportalen.

Die Facebook-Welle kommt ins Rollen

Damit Börse und Social Media gemeinsam einen neuen Quantensprung machen konnten, waren gleich mehrere »Katalysatoren« notwendig: Die sozialen Netzwerke wurden in den Jahren 2005 bis 2008 spürbar ausgebaut. Facebook nahm im Jahr 2007 die erste wichtige Hürde: Die Zahl von 100 Millionen Nutzern wurde Ende 2007 genommen. Von da an setzte eine »Facebook-Welle« ein, die die Mitgliederzahl bis Ende 2012 auf eine Milliarde Menschen treiben sollte.

Ein Faktor allerdings, der Anleger immer mehr ins Social Web trieb, fehlt noch. Er kann als Geburtshelfer des Social Tradings gelten: Das ist die Finanzkrise ab 2007, die zu einem massiven Vertrauensverlust in die gesamte Bankenbranche führte.

Die Finanzbranche in der Vertrauenskrise

»Welcher Wirtschaftsbranche vertrauen Sie am meisten, welcher am wenigsten?« Diese Frage hat die Gesellschaft für Konsumforschung (GfK) den Deutschen Ende 2012 vorgelegt. Das Ergebnis, vom Institut im Februar 2013 vorgestellt, spricht Bände: Banken und Versicherungen büßten im Jahresvergleich weitere sieben Prozentpunkte ein. Mit einem Vertrauenswert von 29 Prozent liegen sie am Ende der langen Branchenliste.

»Nicht einmal mehr jeder dritte Bundesbürger vertraut dieser Branche. Hier wirken sich wohl vor allem die Skandale der letzten Zeit aus, die von Zinsmanipulationen bis zu Razzien wegen des Verdachts der Beihilfe zur Steuerhinterziehung reichen.« (Zitat GfK, zum Global Trust Report 2013)[9]

Einen heftigen Vertrauensverlust in den Finanzsektor hatte bereits die globale Finanzkrise seit 2007 bewirkt. Die Krise wurde in der ersten Phase durch die US-Hypothekenblase entfacht. Die war wiederum eine Folge der Niedrigzinspolitik und einer schwachen Bankenregulierung in den USA. Einen ersten Höhepunkt stellte die Pleite der US-Investmentbank Lehman Brothers im September 2008 dar.[10]

Die anschließenden Versuche, das aus den Fugen geratene Finanzsystem zu stabilisieren, können hier nur stichpunktartig aufgezählt werden. Dazu gehören etwa die Milliardenrettungen »systemrelevanter« Banken in den USA und Europa. In Deutschland musste bereits 2007 die IKB Deutsche Industriebank durch staatliche Intervention vor der Zahlungsunfähigkeit gerettet werden. Beim Immobilienfinanzierer Hypo Real Estate (HRE) mussten insgesamt bis 102 Milliarden Euro an Garantien und Beihilfen – überwiegend aus der öffentlichen Hand – aufgewendet werden.[11]

In der Europäischen Union summierten sich die Kosten der Stabilisierungs- und Stützungsmaßnahmen für den Bankensektor von Oktober 2008 bis Ende 2011 auf 1,6 Billionen oder 1.600.000.000.000 Euro.[12]

Die Auswirkungen auf die Realwirtschaft waren immens. Die Deutsche Bank bezifferte den weltweiten Rückgang des Bruttoinlandsprodukts infolge der Finanzkrise auf vier Billionen Euro.[13]

Viele Großunternehmen in Deutschland mussten Kurzarbeit anmelden. Mithilfe milliardenschwerer Konjunkturprogramme musste die Bundesregierung die Rezession bekämpfen.

Beinahe nahtlos ging die globale Finanz- und Wirtschaftskrise in die Euro-Schuldenkrise über. Im Oktober 2009 offenbarte die griechische Regierung die zuvor verschleierte tatsächliche Staatsverschuldung und bat den Internationalen Währungsfonds (IWF) um Hilfe. Eine Serie von Rettungsschirmen begann. An ihrem Ende steht der Europäische Stabilitätsmechanismus (ESM), der aber erst im September 2012 in Kraft trat. In der Zwischenzeit mussten im Zuge eines Schuldenschnitts in Griechenland und einer Bankenrettungsaktion in Spanien Milliarden an Euro in das labile europäische Finanzsystem gepumpt werden.

Eine Aussage des Wirtschaftsweisen Peter Bofinger zu diesem Thema dürfte auf die Zustimmung vieler Bürger treffen: Er meint, der Verlauf der gesamten Krise werde insofern verschleiert, als **»wir eigentlich eine Krise der Finanzwirtschaft und der Banken haben, weil diese sich in Spekulationen statt in solider Kreditfinanzierung verausgabt haben«.**[14]

Anleger im Abseits

Aus Sicht der Anleger bedeutet die Finanzkrise einen weiteren herben Rückschlag; den zweiten nach dem Platzen der Technologieblase rund fünf Jahre zuvor. Billionen an Euro oder Dollar an Börsenwert in den privaten Depots wurden durch den Kurssturz an den Weltbörsen wieder einmal vernichtet. Zwischen Dezember 2007 und Frühjahr 2009 halbierte sich der Stand des Dax von 8.000 auf 4.000 Punkte. Wer Aktien von Banken im Depot hatte, kam sich als zweifaches Opfer der Bankenbranche vor: Der STXE Bankenindex der 50 wichtigsten europäischen Großbanken etwa verlor im selben Zeitraum mehr als zwei Drittel an Wert.

Die Pleite der einstigen US-Investmentgröße Lehman Brothers erwischte die Zertifikate-Industrie hart: Der Ausfall eines großen Emittenten, dessen Kreditwürdigkeit noch kurz vor der Insolvenz als gut bewertet wurde, war ein Super-GAU.[15]

Bis hinunter auf die Ebene von Sparkassenkunden, die eigentlich sichere Anlagen erwerben wollten, gingen die Totalverluste. Die Hamburger Sparkasse (HASPA) aber wehrte sich erfolgreich gegen eine Verurteilung wegen fehlerhafter Anlageberatung. 2011 entschied der Bundesgerichtshof rechtskräftig, die Bank habe ihre Pflicht der anlegergerechten Beratung nicht verletzt (Aktenzeichen: XI ZR 178/10, XI ZR 182/10). Insgesamt 3.700 Privatkunden waren in Hamburg Zertifikate von Lehman Brothers verkauft worden.

Schlechte Bankberatung

Die Anlageberatung bei deutschen Finanzinstituten lag auch nach der Krise der Branche weiter im Argen. Das zeigt eine Studie der Stiftung Warentest. Sie stellte der Branche Ende 2009, ein Jahr nach dem Höhepunkt der Finanzkrise, ein verheerendes Zeugnis aus: Von 21 getesteten Instituten, darunter auch Sparkassen und Volksbanken, erhielt keines die Noten »gut« und »sehr gut«. Nur drei wurden mit »knapp befriedigend« bewertet, der Rest noch schlechter.[16]

Sogar die nicht unbedingt als systemkritisch bekannte *Bild-Zeitung* titelte: »So schlecht sind unsere Banken.«[17]

Auch in den folgenden Jahren hat sich die Beratung zumindest im Empfinden vieler Bankkunden kaum verbessert. In allen Massenmedien werden stattdessen immer wieder plakativ Einzelfälle von krasser Falschberatung beschrieben, die das Bild einer geradezu »kundenfeindlichen« Bank transportieren. Beispielhaft der im Januar 2013 gesendete ZDF-Bericht über eine Rentnerin, die gegenüber der Deutschen Bank Verluste aus Zertifikate-Investments zurückfordert.[18]

Der Aktionärskompass 2012, den die Deutsche Schutzvereinigung für Wertpapierbesitz (DSW) im vergangenen Jahr veröffentlichte, ist ein weiterer Schlag ins Gesicht der Branche: Von 940 befragten erfahrenen Privatanlegern greifen nur 20 Prozent auf Bankberater zurück. Und von diesen waren nur elf Prozent mit den Empfehlungen der Berater zufrieden.

Für DSW-Hauptgeschäftsführer Marc Tüngler zeigen die Ergebnisse dieses Untersuchungsteils:

> **»Der Trend geht zum Do-it-yourself-Anleger, der die gebotenen Informationsquellen intensiv nutzt, sie aber auch kritisch hinterfragt. Die Portfolios der Anleger sind breit gestreut. Die in der Regel auf Langfristigkeit angelegten Anlageentscheidungen werden zu einem Großteil auf Basis der eigenen Meinungsbildung getroffen. Die Rolle externer Berater spielt eine zunehmend kleiner werdende Rolle.«**[19]

Enttäuschende Produkte

Nicht nur die Beratung, auch die vielfach empfohlenen Produkte bekommen seit Jahren schlechte Noten von unabhängigen Experten. Von Fondsgesellschaften aktiv gemanagte Investmentfonds erreichen mehrheitlich nicht die Performance der selbst gesteckten Benchmark; das ist seit Jahren hinlänglich bekannt.[20] Durch hohe Ausgabeaufschläge, Verwaltungs- und Managementkosten haben die aktiven Fonds schon einen natürlichen Nachteil, etwa gegenüber passiven Indexfonds (ETFs) oder Index-Zertifikaten. Aber auch die Auswahl der Werte im Portfolio hilft der Wertentwicklung in vielen Fällen nicht auf die Beine.

Die »passiven« Konstruktionen werden dagegen wegen der ähnlichen Performance und der niedrigen Kostenbelastung seit einigen Jahren immer stärker genutzt. Im Vertrieb der Banken werden sie bei Privatanlegern allerdings selten auch nur erwähnt. Ironischerweise kaufen bislang vor allem die großen institutionellen Investoren die schlanken Index-Fonds.

In eine Krise schlitterte die Fondsbranche auch mit den Offenen Immobilienfonds. Die jahrelang als krisensichere Altersvorsorgeprodukte gehandelten Fonds brachen nach Wertberichtigungen dramatisch ein. Zuvor hatten sie es den Anlegern zum Teil jahrelang nicht gestattet, ihre Fondsanteile zu verkaufen.

Hochkomplexe »strukturierte Produkte«, vor allem aus dem Zertifikate-Bereich, wurden dagegen vielfach im Bankenvertrieb bei Privatanlegern massiv beworben. »Garantie-Zertifikate« entpuppten sich nicht selten als

Kostenfresser und waren gar nicht so risikolos, wie es die Verkäufer in den Bankfilialen oft suggerierten.[21]

Auf neuen Wegen

Ein gestörtes Vertrauensverhältnis zur Bankenbranche, schlechte Beratung, teure Produkte, die ihre Versprechen nicht einhalten. Für Anleger bleibt am Ausgang der Finanzkrise kaum etwas anderes, als dem Finanz-Establishment den Rücken zu kehren.

Damit scheint der Weg des Privatanlegers ins Internet vorgezeichnet. Die sozialen Netze im Web bieten Information, Austausch und gegenseitige Beratung in Sachen Geldanlage. Und seit einiger Zeit gibt es auch die Möglichkeit, Finanzdienstleistungen und Produkte zu nutzen, die durch das Social Web selbst entstanden sind.

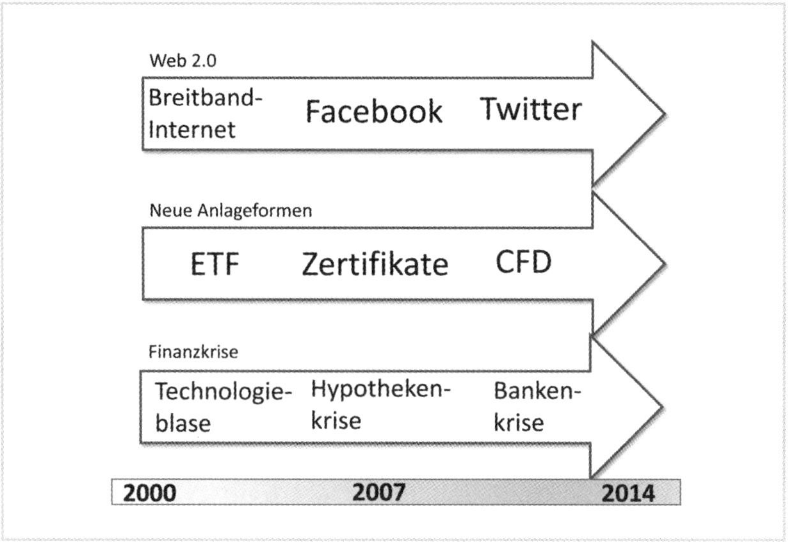

Abbildung 3: Wegbereiter des Social Tradings, Quelle: eigene Darstellung

simplified

2 Der neue Ansatz – Social Trading erobert das Netz

2.1 Was ist Social Trading?

Morgens, 9 Uhr: »Momentum Trading« sondiert die Lage. In turbulenten Börsenzeiten, wenn die Kurse zur Handelseröffnung unkontrolliert auf- und abzucken, hält sich der Daytrader erst einmal zurück. Er wartet lieber ab. Als die Eröffnungshektik an der Frankfurter Börse sich beruhigt hat, sondiert er die Lage, vergleicht einige Dutzend Charts und kauft dann die Commerzbank-Aktie. Nicht weil er an eine gute Zukunft für das Unternehmen glaubt, sondern weil er glaubt, dass der Kurs des Dax-Unternehmens heute wieder einmal von anderen Spekulanten nach oben getrieben wird. Und das geschieht auch. Im Tagesverlauf surft der Trader auf den Wellen, die der Chart der Bankaktie wieder und wieder erzeugt. Meist schließt er die Position nach einiger Zeit, um dann wieder ein- und auszusteigen, meist mit Gewinn. Markus Strauch ist der Star der Social-Trading-Plattform Wikifolio. Dort gibt er nach Abschluss der Geschäfte kurze, erklärende Kommentare ab, die alle Besucher des Portals einsehen können. Die Erfolge seiner Trades bilden die Wertentwicklung eines Zertifikates ab, das Anleger selbst an der Börse kaufen können. Inzwischen sind 2,5 Millionen Euro an Anlegergeldern in das Wikifolio mit dem Titel »Momentum Trading spekulativ« investiert.

14.30 Uhr: »Deliverance« liefert wieder einmal: Kurz nach den neuesten US-Arbeitsmarktdaten am Freitag geht der Top-Trader bei ayondo massiv »long« und kauft US-Aktien. Je 200 Stück des US Tech 100-CFD und des US 500-CFD (Contracts for Difference) wandern in sein virtuelles Konto. Einer der CFDs, die zur Familie der Derivate gehören, bildet den US-Technologieindex Nasdaq 100 ab, der andere den marktbreiten S&P 500. Noch am gleichen Tag stößt Deliverance seine Kontrakte wieder ab. Die Gewinne belaufen sich auf 957 Euro für den Tech-100-Trade und auf 486 Euro für den US 500. Das Konto des anonymen Traders schwillt auf 297.000 Euro an. 197 Prozent Wertzuwachs hat Deliverance damit geschafft – in nur sieben Monaten. Rund 250 »Follower« haben den Trader auf ihrer Watchlist bei ayondo. Einige von ihnen folgen den hochriskanten Transaktionen mit ihrem eigenen Konto und echtem Geld, andere nur mit ungläubigem Staunen.

Ein Dienstag im Februar 2013: Kurz nach Bekanntwerden der Italienwahl empfehlen die Mitglieder des **Top100-Clubs** von »sharewise« Bankaktien mehrheitlich zum Verkauf. Das Vertrauen in die Erholung der Bankenbranche ist wieder mal dahin. Die von der Internet-Plattform auserkorenen »Top100-Mitglieder« mögen inzwischen lieber defensive Aktien wie Fresenius oder Henkel. Die gemittelten Daten aus der Online-Gemeinde gehen an den Konsortialführer eines eigens aufgelegten Aktienfonds. Die Bank Hauck & Aufhäuser kauft binnen kurzer Zeit die Aktien der neuen Favoriten und stockt deren Anteil im »H&R sharewise Community A« mit der Wertpapierkennnummer HAFX5N auf. Die Fondsanteile sind über alle Direktbanken online zu kaufen, aber auch bei allen Banken und Sparkassen.

Der Blick auf die oben beschriebenen derzeit wichtigsten Vertreter der neuen »Branche« in Deutschland zeigt gleich die Spannbreite, die das Phänomen in wenigen Jahren auch in Deutschland erreicht hat. In allen Fällen werden eine oder mehrere typische Social-Web-Funktionen genutzt.

- Nutzer müssen sich auf allen Plattformen registrieren, um Teil eines **sozialen Netzwerks** zu werden.
- Es werden **Produktbewertungen** (nämlich zu Aktien, Indizes, Anlageklassen oder dem Gesamtmarkt) abgegeben.
- Mithilfe **kollektiver Intelligenz** soll Mehrwert für alle geschaffen werden.
- Handelsstrategien werden im Sinne des **Social Sharing** zur Verfügung gestellt und diskutiert.

- Trader können **blog- oder microblogartige Kommentare** abgeben.
- Transaktionen erhalten durch Benachrichtigungsfunktionen an die Nutzer den Charakter eigener **Newsfeeds**.

Beim Social Trading bleibt es aber nicht beim gegenseitigen Informieren und Diskutieren in der Community. Es wird auch »getradet«, »gezockt« oder investiert. Die Möglichkeit des Kaufs und Verkaufs von Wertpapieren oder Derivaten im Finanzmarkt gehört dazu.

Social Trading ist der Einsatz von Social-Web-Anwendungen plus Transaktion

Das ist die Kurzfassung einer Begriffsbeschreibung, die in diesem Buch genutzt wird.

Im US-Wikipedia wird Social Trading beschrieben als

> **»Prozess, bei dem sich Investoren im Internet zum Großteil oder sogar vollständig auf Informationen verlassen, die von Nutzern selbst mithilfe von verschiedenen Web-2.0-Anwendungen zusammengestellt wurden, um daraus Entscheidungen zum Handel mit Finanzprodukten abzuleiten.«**[22]

Im Umkehrschluss bedeutet dies: Banken, Fondsgesellschaften oder auch Emittenten von anderen Anlageprodukten stehen beim Social Trading nicht mehr im Zentrum des Geschehens. Die Gemeinschaft der Anleger entscheidet selbst, welche Informationen bei der Anlage wichtig sind, und berät erst einmal innerhalb der Community.

Bei der Produktentwicklung verrichten die Akteure der »alten Anlegerwelt« nur noch Hilfsdienste. Die Zusammensetzung von Fonds-Portfolios wird durch den Willen der Community bestimmt, Zertifikate so »designed«, dass sie der Kontoentwicklung von gefragten Tradern folgen – und nicht mehr dem Willen von hochbezahlten Produktmanagern beim Emittenten. In anderen Fällen läuft der komplette Anlageprozess unabhängig von der Finanzbranche ab – etwa, wenn Differenzkontrakte abseits der normalen Produktwelt auch noch auf eigenen Handelsplattformen gehandelt werden.

Alte Werte neu definiert

Von einer »Demokratisierung der Finanzanlage« sprechen deshalb viele der Plattformmacher oder Finanziers, die Social Trading betreiben oder unterstützen. Klar ist zumindest, dass Anhänger des Social Tradings nach dem Vertrauensverlust der Banken und Berater neue Wege beschreiten und dabei alte Werte neu definiert haben. Auf der Suche nach Vertrauen und Zuverlässigkeit werden Social-Media-Kriterien genutzt. Das sind zum Beispiel die Zahl der »Follower«, die messbare Treffsicherheit bei der Analyse von Aktien oder die Performance und die Risikomaße bei Top-Tradern. Auch technische Zuverlässigkeit schafft Vertrauen. Wie sicher ist die Daten- und Kursversorgung? Wie korrekt die Ausführung eines Trades?

Der Glaube an die höhere Vertrauenswürdigkeit innerhalb der Nutzergemeinde gehört gewissermaßen zum Wertekanon des Social Tradings. Genau wie zwei weitere Grundannahmen, die nachfolgend beleuchtet werden sollen:

> Die Anlegergemeinde schafft einen **Mehrwert durch ihre kollektive Intelligenz**.

> Innerhalb der Community stellen einzelne Finanz- und **Tradinggenies** ihr Wissen allen anderen Anlegern zur Verfügung.

2.2 Wie funktioniert kollektive Intelligenz?

Schwarmintelligenz, kollektive Intelligenz, die Weisheit der Vielen – viele Social-Trading-Anbieter nutzen diese Reizworte, um den Nutzen ihrer Dienste zu bewerben.

In den Medien, aber selbst in der Wissenschaft werden einige eindrucksvolle Beispiele dieser kollektiven Intelligenz beschrieben und lebhaft diskutiert.

Zwei der bekanntesten von ihnen hat der amerikanische Journalist und Autor James Surowiecki vorgestellt.[23] Zum einen die berühmte Ochsenschätzwette: Auf einer Nutztiermesse in Westengland verfolgte der Naturforscher Francis Galton 1906 einen Schätzwettbewerb, bei dem das Gewicht eines Ochsen getippt werden sollte. 787 Personen gaben eine Schätzung ab. Zur Überraschung Galtons lag der Mittelwert dieser Schätzungen um weniger als ein Prozent entfernt vom tatsächlichen Gewicht des Tieres.

Ein zweites Beispiel, ebenfalls von Surowiecki aufgegriffen, spielt im Jahr 1968: Die Suche nach dem gesunkenen amerikanischen U-Boot USS Scorpion verlief über Monate erfolglos. Dann bat der US-Tiefseewissenschaftler John Craven mehrere US-Marinespezialisten, eine Schätzung für die Lage des Bootes abzugeben. Die ausgewerteten und gemittelten Schätzungen führten laut Surowiecki zu einem Punkt, der nur 200 Meter von der tatsächlichen Position mitten im Atlantik entfernt war.[24]

Dass es so etwas wie »Schwarmintelligenz« gibt, wissen wir bereits durch die Beobachtungen in der Tierwelt, wie bei Zugvögeln oder Fischschwärmen. Die einzelnen »relativ unintelligenten« Tiere erzeugen durch ihr Verhalten in der Gruppe eine Art höhere Intelligenz. Etwa, indem sie als Schwarm Angreifer irritieren oder, im Fall der Ameisen, ganze Staaten errichten, von denen das einzelne Insekt gar nichts weiß.

Schwarmintelligenz ist auch durch den Bestseller-Roman von Frank Schätzing[25] zum populären Modebegriff geworden.

Bei der Übertragung auf den prinzipiell schon »relativ intelligenten« und sozial agierenden Menschen hapert es aber, vor allem, wenn es allzu sehr »menschelt«.

Eine Studie der ETH Zürich aus dem Jahr 2010 unter der Leitung von Dirk Helbing nämlich zeigt, dass bei einer Befragung von 144 Studenten die Schätzwerte der Probanden immer schlechter wurden, je mehr die einzelnen Teilnehmer von den Schätzungen der anderen Versuchspersonen erfuhren. Geschah dies, näherten sich die folgenden Schätzungen immer mehr an, Extremwerte verschwanden ganz und gar, der Mittelwert der Prognosen entfernte sich immer mehr von dem tatsächlichen Wert.[26] Aus der Schwarmintelligenz war also die Dummheit der Herde geworden.

Die Wissenschaft geht bei der Schwarmintelligenz, wie wir sie aus dem Tierreich kennen, davon aus, dass bei den Tieren eine »sensuale Verbindung« vorliegt. Schwarmintelligenz beruht nach Andreas Aulinger von der Steinbeis-Hochschule in Berlin darauf, »dass auf die Aktionen einzelner Akteure in vollkommen determinierter Weise von anderen Akteuren reagiert wird«.

Im Beispiel dazu ist die kollektive Intelligenz, die im Ochsen- oder U-Boot-Beispiel entstanden ist, ganz anders gelagert. Laut Aulinger ist es »gerade das Fehlen dieser Kopplung, das als zentrale Voraussetzung dafür gilt, dass kollektiv intelligente Ergebnisse zustande kommen«.[27]

Aulinger beschreibt unterschiedliche Formen der kollektiven Intelligenz, die unter verschiedenen Voraussetzungen entstehen. So ist bei einer Entstehung von »Wikis«, also von Wissensplattformen im Internet, die »Interaktion« in der Gruppe geradezu eine Grundvoraussetzung. Wenn es keine Zusammenarbeit, keinen Austausch oder auch keinen Streit über richtige und wichtige Inhalte gibt, kann kein wertvolles Wissen durch die »soziale Kollaboration« entstehen.

Kollektive Intelligenz bei der Ermittlung von Trends, Prognosen oder Schätzungen erfordert dagegen die »strikte Unverbundenheit« der Mitwirkenden. Auch wenn die Teilnehmer etwa einer Umfrage durchaus voneinander wissen, also bewusst in einer Gruppe agieren, darf es keinen Austausch über das Abstimmungsverhalten geben.

Abbildung 4: Entstehungsbedingungen kollektiver Intelligenz, Quelle: Aulinger

Bei der Auswertung von Nutzerdaten im Internet, etwa durch die Suchmaschine Google, sind sich die Teilnehmer nicht einmal dieser Beteiligung bewusst. Ihr Verhalten wird zum Großteil ohne ihr Wissen ausgewertet und genutzt.[28]

In Social-Trading-Anwendungen kommen verschiedene Formen der kollektiven Intelligenz zum Tragen, etwa wenn Wissen über Anlagemöglichkeiten oder Handelsstrategien zusammengetragen wird. Oder wenn Anlageprodukte auf der Basis der Einschätzungen vieler Anleger geschaffen werden.

Dass es auch zu Fällen »kollektiver Dummheit« kommt, ist natürlich nicht auszuschließen. Eine rege Diskussion über die Aussichten am Aktienmarkt dürfte zum Beispiel zur Annäherung der Standpunkte führen, genauso wie die eifrige Werbung für den einen oder anderen »Top-Trader«. Das Kollektiv kann dann auch schwer danebenliegen.

2.3 Wo sind die Trading-Champions?

Larry Williams ist für viele Tradinganhänger immer noch ein Aushängeschild der gesamten Szene. Der Amerikaner stellte 1987 bei den »World Trading Championships« mit einer Performance von 11.376 Prozent einen bislang unerreichten Rekord auf.[29] Bei der Weltmeisterschaft der Trader muss ein Jahr lang mit echtem Geld gehandelt werden. Heute gibt es mehrere Kategorien wie Aktien, Forex oder Futures. Williams machte aus einem Startkapital von 10.000 Dollar mit dem Handel von Futures auf Aktienindizes und Rohstoffe nach zwölf Monaten 1,1 Millionen Dollar. Das ist Stoff, aus dem die Trader-Träume heute noch sind.

Williams hat seinen Erfolg nach eigenen Aussagen einem »aggressiven Moneymanagement« und einer gehörigen Portion Glück zu Beginn des Wettbewerbs zu verdanken. In den folgenden Jahrzehnten hat der Star-Trader möglicherweise mehr mit dem Verkauf von Tradingbüchern und -seminaren verdient als am Finanzmarkt selbst. Dort hat er alle Höhen und Tiefen durchlebt. Süffisant schreibt er in seinem Bestseller »Long Term Secrets to Short-Term-Trading«[30] über seine Wandlung zum

Buchautor: »Ich wollte so etwas wie beständiges Einkommen im Leben, und das ist profitabel.« Und zum Leben als Trader: »Manchmal verdiene ich zwölf Monate lang Geld. Manchmal verliere ich in den ersten sechs oder sieben Monaten des Jahres Geld oder gewinne zumindest nichts – und dann knacke ich den Jackpot. In dieser Welt der Achterbahnen kann niemand sagen, was passieren wird.«[31]

Ein erneuter Blick auf die Siegerlisten der Tradingweltmeisterschaft zeigt zweierlei: Die Sieger-Ergebnisse sind in der Regel deutlich bescheidener als der Rekord von Williams. Im Jahr 2011 etwa erreichte der Erstplatzierte eine Performance von 104 Prozent, mit einem Wertzuwachs von 46 Prozent konnte man noch Platz 5 ergattern. In der Kategorie Aktien, die zuletzt 2010 ausgetragen wurde, reichte ein Wertzuwachs von 22 Prozent zum Sieg. Zehn Prozent weniger, als der Dax im Jahr 2012 geschafft hat, ganz ohne Trading.

Saisonale Muster statt Supercomputer

Der Gewinner aus dem Jahr 2010 ist der Amerikaner Kurt Sakaeda, der einzige Trader übrigens, der über mehr als ein Jahrzehnt immer wieder in den Siegerlisten verschiedener Kategorien zu finden ist. Sakaeda füttert keinen Supercomputer mit riesigen Datenmengen, und er nutzt keine Trendausbrüche in zuckenden Charts. Er hat sich in den 1990er-Jahren auf die Suche nach saisonalen Mustern bei der Preisentwicklung von Rohstoffen gemacht – mit Erfolg. Der erste Basiswert, den er analysiert hat, war 1992 ein Agrarrohstoff: Sojabohnen.[32]

Auf lange Sicht erfolgreich zu sein und in allen Marktlagen eine positive Rendite zu erzielen, das hat sich eine ganze Branche auf die Fahne geschrieben: die Hedgefonds. Diesen besonders in Deutschland umstrittenen Fonds stehen eigentlich alle Instrumente und Freiheiten zur Verfügung, um sich Marktbewegungen in alle Richtungen zunutze zu machen. Sie können von fallenden Kursen ebenso profitieren wie von steigenden. Sie sind nicht auf eine Anlageklasse wie den Aktienmarkt festgelegt, sondern können Währungsschwankungen ebenso ausnutzen wie Turbulenzen an den Rohstoffmärkten.

Nach einigen guten Jahren zwischen 2000 und 2007 sind die Fonds trotz ihrer Möglichkeiten und ihrer hochbezahlten Manager insgesamt zum Rohrkrepierer mutiert. Im Jahr 2012 stand etwa der Dow Jones Credit Suisse Hedgefund Index nur dank einer guten Entwicklung zum Jahresschluss 7,7 Prozent höher als ein Jahr zuvor. Damit schnitt der Index mehr als 20 Prozent schlechter ab als der Dax.

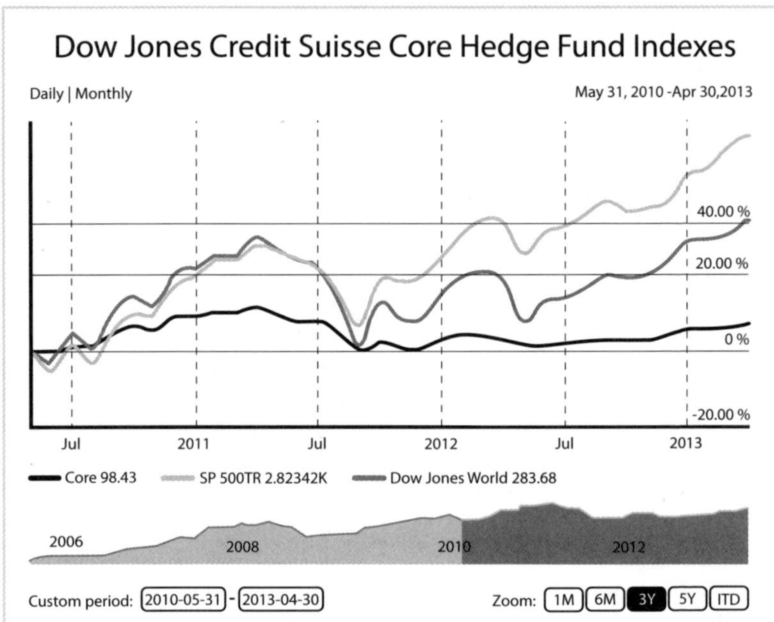

Abbildung 5: Hedgefonds ohne Rendite, Quelle: Hedgeindex

Im Fünf-Jahres-Zeitraum von Anfang 2008 bis Ende 2012 konnte der Index zusammengenommen weniger als zehn Prozent Zuwachs verbuchen, ein simples Tagesgeldkonto hätte eine höhere Rendite abgeworfen.

Natürlich bringt auch die Hedgefonds-Industrie immer wieder aufsehenerregende Ausreißer hervor. Etwa John Paulson, der im Jahr 2007 als einer der Ersten auf einen Zusammenbruch des US-Hypothekenmarktes spekulierte. Seine Hedgefonds Advantage und Advantage Plus fuhren in der Finanzkrise den Rekordgewinn von 16 Milliarden Dollar ein. Paulson beteiligte sich mit Milliarden selbst am Erfolg: Für 2010 stellte er sich mit fünf Milliarden Dollar den größten Gehaltsscheck der Geschichte aus.

Zufall statt Können?

In den Jahren 2011 und 2012 dagegen wendete sich das Blatt. 2011 setzte Paulson auf die Erholung von Bankaktien. Vergeblich, die Fonds verloren mehr als ein Drittel an Wert. 2012 wettete der Milliardär gegen den Euro und setzte zudem auf Gold, beides ohne Erfolg. Nach Verlusten von durchschnittlich rund 20 Prozent bei seinen Hedgefonds zogen Großinvestoren wie US-Pensionsfonds oder Großbanken Gelder aus den einst gefeierten Fonds ab.[33]

Für Anleger auf Social-Trading-Plattformen können die Erfahrungen mit der Trader-Elite und der Hedgefonds-Industrie eine Mahnung sein. Hohe Performance-Werte gibt es in aller Regel nur um den Preis eines hohen Risikos. Auf einen Kursverdoppler in kurzer Zeit kann sehr schnell auch wieder die Halbierung des Kontostandes folgen – oder auch der Totalverlust des Einsatzes. Heftige Steigerungen in kurzer Zeit haben in der Mehrzahl der Fälle eher mit Zufall als mit Können zu tun. Und hohe Wertzuwächse mehrere Jahre in Folge sind eine Seltenheit.

2.4 Kurz-Check: Leitplanken fürs Risikomanagement

Viele der in diesem Buch vorgestellten Social-Trading-Plattformen haben sich der Suche nach den »Hidden Champions« oder dem »Street Alpha« verschrieben. Bei einer unendlich scheinenden Anzahl von Tradern muss es doch einige wenige geben, die den Markt beständig schlagen können, so die Hoffnung.

Letztlich muss der Investor selbst entscheiden, ob ein bestimmtes Trader-Konto das Risiko eines Einstiegs mit eigenem Geld rechtfertigt. Eine kleine Checkliste bei der Beurteilung von Handelsstrategien kann dabei helfen, diese Entscheidung zu treffen:

Maximaler Verlust

Um das Risiko einer Handelsstrategie abzuschätzen, ist der maximale Verlust in einer bestimmten Zeitperiode, auch Drawdown genannt, ein wichtiger Gradmesser. Leider gibt es einen sogenannten »nicht linearen« Zusammenhang zwischen einem Verlust und dem Gewinn, der anschließend nötig ist, um diesen wieder auszugleichen. Verliert ein Konto etwa 20 Prozent an Wert, benötigt der Trader einen Gewinn von 30 Prozent, um es wieder auf Ausgangsniveau zu heben. Bei Drawdowns von 50 Prozent muss bereits eine Performance von 100 Prozent folgen, um den Verlust wieder auszugleichen.

Volatilität

Die Volatilität, auch »Vola«, gibt die Schwankungsbreite um den Mittelwert eines Wertpapieres an. Sie misst diese Ausschläge in bestimmten Zeitperioden. Eine Volatilität von zehn Prozent auf Sicht eines Jahres heißt damit, dass der beobachtete Basiswert, also eine Aktie, ein Investmentfonds oder eben auch ein Trader-Konto, Schwankungen von zehn Prozent unterlag.

Bei Aktienfonds sind aufs Jahr gesehene Volatilitäten von 15 bis 20 Prozent durchaus üblich. Klassische Rentenfonds, die auf Staatsanleihen setzen, kommen mit einer Schwankungsbreite von drei bis fünf Prozent aus. Volatilität ist auch ein Risikomaß, denn hohe Wertzuwächse – genauso wie Kursstürze – gehen stets mit der Erhöhung der Vola einher.

Moneymanagement

Der richtige Einsatz des zur Verfügung stehenden Kapitals ist fast ebenso wichtig wie eine Handelsstrategie selbst. Wird mit jedem Trade ein zu hoher Anteil der »Margin«, also der freien Mittel auf dem Konto, eingesetzt, kann eine Serie von Verlusttrades schnell das Aus bedeuten. Ein umsichtiger Trader setzt daher pro Trade nur wenige Prozent seiner Mittel ein, und er hält die Gesamtbelastung aller gleichzeitig laufenden Trades ebenfalls in Grenzen.

Stops

Eng verknüpft mit dem Einsatz der Mittel, die zur Verfügung stehen, ist die Anwendung von Stops. Stop-loss-Orders schützen einerseits Positionen vor allzu großen Verlusten. Sie können andererseits Gewinne sichern, wenn der Markt wieder in die »falsche« Richtung dreht. Viele versierte Trader nutzen so genannte »Trailing Stops«. Dabei wird ein Stop nicht starr auf einem Niveau belassen, sondern er bewegt sich in einem vorher definierten Abstand zum jeweils erreichten Höchstkurs eines Basiswertes. Knickt der Kurs dann ein, greift der Trailing Stop. Er kann also helfen, Gewinne zu retten oder auch Verluste zu begrenzen.

Sharpe Ratio

Eine Risikokennziffer, die meist bei der Beurteilung von Investmentfonds eingesetzt wird, ist auch hilfreich beim Einschätzen einer Trader-Strategie. Die Sharpe Ratio misst die Überrendite eines Portfolios gegenüber einer »risikolosen« Anlage, also etwa eines Geldmarktzinses. Bei der Kennziffer wird diese Überrendite ins Verhältnis zur Volatilität des jeweiligen Fonds oder einer Strategie gesetzt. Dabei signalisiert eine Sharpe Ratio von über eins, dass eine Mehrrendite mit einem angemessenen Risiko erzielt wurde. Bei einer negativen Sharpe Ratio wurde nicht einmal die Rendite der risikolosen Anlage erreicht.

Value at Risk

Das Value at Risk, kurz VaR, kann ebenfalls bei der Risikobeurteilung von Investments helfen. Die Kennzahl gibt mit einer bestimmten Wahrscheinlichkeit an, wie hoch der maximale Verlust in einem ebenfalls definierten Zeitraum ausfallen kann. Die Wahrscheinlichkeit, mit der dies geschieht, ist das »Konfidenzniveau«. Oft werden hier Werte zwischen 95 und 99 Prozent angesetzt. Das Value at Risk selbst wird in Prozent oder in absoluten Beträgen, also Euro oder Dollar, angegeben. Der Zeitraum liegt üblicherweise zwischen einem und zehn Handelstagen.

So bedeutet ein VaR von zwei Prozent bei einem Konfidenzniveau von 95 Prozent und einem Zeitraum von einer Woche: Die betrachtete Anlage wird mit einer Wahrscheinlichkeit von 95 Prozent binnen einer Woche nicht mehr als zwei Prozent an Wert verlieren.

simplified

3 Gewinnen mit den Besten: Social Trading in der Praxis

Die Idee ist einfach, und sie zieht immer mehr Anleger in ihren Bann: Ein erfolgreicher Trader stellt seine Strategie zur Verfügung – viele »Follower« können sie nutzen. Sie lassen sich Handelssignale direkt ins eigene Konto leiten. Die Kauforder des Profis wird fast zeitgleich »gespiegelt«. Dabei werden Stop-Orders zur Risikobegrenzung mit übertragen. Wie viel Kapital aus dem Konto des Signalnehmers eingesetzt wird, berechnet die Handelssoftware ebenfalls. Für den Anleger heißt es nur noch: beobachten, staunen und – wenn alles gut geht – nach einer Weile die gleichen Gewinne kassieren, die der Trader eingefahren hat.

Wer sich näher dafür interessiert, wie die Profite der Bösencracks zustande kommen, kann sich über die Handelsstrategie informieren oder den Vorturner in Sachen Börse sogar kontaktieren – das soziale Netz verbindet Leader und Follower.

Die Aufgabe, Signalgeber und Signalnehmer zusammenzubringen, übernehmen die Social-Trading-Anbieter. Seit rund fünf Jahren läuft das Geschäft mit dieser neuen Form der Geldanlage bereits. Einige der Unternehmen können mit Millionen registrierten Nutzern aufwarten und sind fast weltweit aktiv.

»Mirror-Trading« oder »Copy-Trading« erfreut sich in Deutschland stetig steigender Nachfrage. Die Anbieter können zum Teil Hunderte von »Top-Tradern« oder »Leadern« aufbieten. Viele Amateure in Sachen Trading versuchen sich selbst als Signalanbieter, setzen eigene Strategien vor den Augen der Anlegergemeinde um, hoffen auf Zuspruch und natürlich zahlende Follower.

In diesem Kapitel werden die derzeit wichtigsten Vertreter des Social Tradings vorgestellt, die deutsche Anleger nutzen können. Dazu gehören auch mehrere internationale Vertreter, die zum Teil ihren Sitz in den USA, aber auch im europäischen Ausland haben. Social Trading funktioniert ohnehin grenzüberschreitend – der »Traum vom automatischen Gewinn« ist ein globales Phänomen – wie das Social Web selbst.

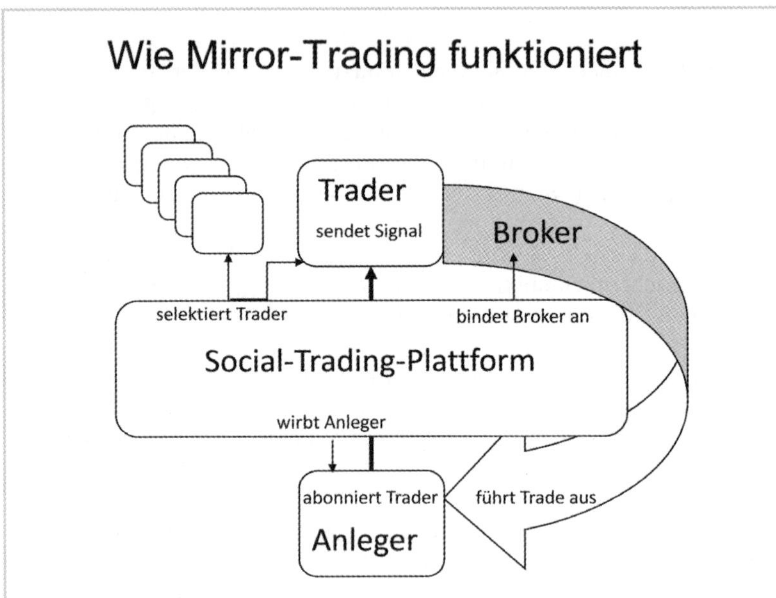

Abbildung 6: Wie Mirror-Trading funktioniert, Quelle: eigene Darstellung

3.1 Covestor: Der private Investment-Manager

Social Trading hat den Durchbruch um 2007 geschafft. Die Gründung von Covestor in den USA markiert einen kleinen Meilenstein in der Entwicklung einer neuen Form der Geldanlage. Die Plattform kann auch heute noch als Modell für Anbieter überall im Netz dienen. Einflüsse von Covestor finden sich in vielen später gestarteten Mirror-Trading- oder Copy-Trading-Ansätzen wieder.

Von Anfang an hat Covestor vor allem Profis angesprochen, die ihre Käufe und Verkäufe im eigenen Depot »spiegeln« wollen. Sie stellen ihr Know-how und ihre Marktkenntnis privaten Anlegern zur Verfügung und erhalten dafür eine Gebühr. Covestor agiert als Vermittler zwischen Börsencracks und Amateuren, die ihre Depotkonten andocken und die Trades möglichst exakt nachbilden wollen.

Die Spielregeln dabei sind knapp und klar. Die »Model Manager«, so werden die Trader auf Covestor bezeichnet, werden zunächst vorselektiert. Sie müssen eine längere Erfolgsgeschichte als Investment-Profi nachweisen, am besten durch einen Track-Record über einen längeren Zeitraum.

Sodann wird ihre Strategie in einen »Risk Score« einsortiert. Dabei geht es darum, welche Instrumente (Aktien, ETFs oder gehebelte ETFs) die Manager einsetzen. Sie müssen angeben, ob sie nur »long« oder auch »short« gehen, also Leerverkäufe in Aktien nutzen wollen. Auch, ob bei der Strategie intraday gehandelt wird, schlägt sich im Score nieder. Eine Risikoklasse von 1 bedeutet dabei eine kleinere Auswahl von Handelsmöglichkeiten. Zum Beispiel dürften dabei nur Aktien von Firmen mit einem Börsenwert von mindestens zehn Milliarden Dollar gehandelt werden. Ein Trader mit der Risikoklasse 5 nutzt das Universum der Anlageinstrumente von Covestor komplett. Mindestanforderung an die gehandelten Aktien hier: 50 Millionen Dollar Börsenwert.

Trader, die Covestor akzeptiert, werden zudem über eine Reihe von weiteren Kriterien zugeordnet. Nach diesen Kriterien kann der Anleger die Strategien auf der Covestor-Seite auch filtern. Die Plattform, die in den USA gestartet wurde, hat als eigene Kategorie sogar so genannte IRA-Konten. Mit diesen kann in den Vereinigten Staaten steuergemindert fürs Alter vorgesorgt werden – Social Trading als Ergänzung zur Privatrente, gewissermaßen!

Andere Voreinstellungen sortieren die angebotenen Strategien nach ihrem Fokus auf bestimmte Anlageklassen und Regionen oder nach ihrer

Vorliebe für bestimmte Unternehmen. Wer auf Strategien setzen möchte, die sich auf Aktien von Großkonzernen (Blue Chips) spezialisieren, findet ebenso Strategieanbieter wie Anleger, die eine Art Dachfonds-Konstruktion über ETFs (Indexfonds) suchen.

Aktien und ETFs, long und short

Die Anlageinstrumente sind auf Aktien und ETFs begrenzt. Allerdings können die Trader auf Covestor Aktien »shorten«, also leerverkaufen, um auf fallende Kurse zu setzen. Über Short-ETFs kann gleichfalls auf fallende Märkte gesetzt werden. Indexfonds sind zum Teil auch mit einem Hebel ausgestattet, der beispielsweise die zweifache Kursveränderung des S&P 500 nachvollzieht.

Terminkontrakte wie Futures oder Optionen und Devisengeschäfte werden von der Plattform nicht unterstützt. CFDs, wie sie bei Social-Trading-Anbietern in Europa oft genutzt werden, sind in den USA nicht erlaubt.

Die Übersicht über die rund 130 Strategieanbieter zeigt eine Reihe von professionellen Vermögensverwaltern, im Fachjargon »Investment Advisors«, aber auch private Trader, die ihr Hobby zum Beruf gemacht haben. Das Spektrum der Strategien reicht von reinen Anlagen in US-Aktien bis hin zu Dachfonds-Konstruktionen über ETFs. Auch Strategien, die sich einem Spezialthema widmen, sind vertreten, zum Beispiel eine »Merger-Arbitrage«-Strategie, die Aktien von Firmen kauft, die vor einer Übernahme stehen könnten. Auch Swing-Trading-Strategien, die die Bewegungen von stark schwankenden (volatilen) Aktien ausnutzen wollen, lassen sich finden.

Im Performance-Ranking stechen nur wenige Strategien mit einer Wertentwicklung von 70, 80 oder sogar über 100 Prozent aufs Jahr gesehen heraus. Im Mittelfeld sind 20 bis 30 Prozent Performance pro Jahr ein guter Richtwert. Angesichts der haussierenden Börsen in den vergangenen zwei Jahren liegen die Wertsteigerungen damit in etwa auf Höhe des Aktienmarkts insgesamt.

Kennziffern und Blogs

Jedes Profil ist fast vollständig auch für nicht registrierte Interessenten offen einsehbar. Und es bietet allerlei Hinweise zur Wertentwicklung und den Risiko-Kennziffern der Systeme. Als Vergleichsmaßstab wird jeweils der US-Aktienindex S&P 500 herangezogen. Angaben wie maximaler Verlust, Volatilität, Sharpe Ratio und sogar die Sorino Ratio helfen bei der Beurteilung. Die Sorino Ratio klammert bei der Messung der Schwankungsanfälligkeit die Aufwärtsschwankungen als Indiz für das Risiko einer Strategie aus.

Zusätzlich erhält der Follower Einblick in das derzeitige Depot des Traders mit allen Positionen. Und die Tradinghistorie ist vollständig mit Kauf- und Verkaufskursen aufgelistet.

Von den Model Managers wird bei Covestor neben der Performance aber noch einiges mehr erwartet. Eine Beschreibung ihrer Strategie müssen die Profis auf ihrer Profilseite ebenso hinterlegen wie eine Selbstbeschreibung. Der Klarname der Trader oder der Firmenname der Investment Adviser prangt auf der Seite.

Als Teil einer Social-Trading-Plattform haben die Trader und Vermögensverwalter auch die Möglichkeit, ihre »Follower« auf dem Laufenden zu halten. Sie können in einer blogartigen Umgebung auf der Profilseite aktuelle Käufe oder Verkäufe kommentieren oder sich allgemein zur Lage an den Finanzmärkten äußern. Der Trader, der die Strategie »All Cap Value« fährt, hält zum Beispiel das Aktienrückkaufprogramm von Apple Ende April 2013 für »perfekt getimt«. Der Trader liefert sich seit Monaten ein Kopf-an-Kopf-Rennen mit dem S&P 500. Ein weiterer Profi, der auf unterbewertete Aktien setzt und binnen zwölf Monaten 115 Prozent Wertzuwachs erreicht hat, erklärt zeitgleich, »Warum ich bei Apple short bleibe«.

Die Model Managers bei Covestor handeln übrigens ausschließlich mit eigenem Geld, die Plattform schreibt eine Mindestkontogröße von 10.000 Dollar für die Signalgeber der Plattform vor. Mit Echtgeldkonten wird auch auf der anderen Seite gearbeitet: Als Anleger muss man ebenfalls mindestens 10.000 Dollar in die Hand nehmen, um in eines oder mehrere der Systeme investieren zu können. Mindesteinsatz pro System sind dabei 5.000 Dollar.

Immerhin gibt es für interessierte Kunden die Möglichkeit, ein Demokonto für einen begrenzten Zeitraum (15 Tage) zu nutzen, um die Plattform kennenzulernen. Dabei hat man 100.000 Dollar zur Verfügung, um mehrere Strategien probeweise anbinden zu können.

Gehandelt werden die Aktien und Indexfonds im Covestor-System nur über einen einzigen Broker: den US-Broker Interactive Brokers. Die Firma ist in den USA und auch darüber hinaus eine feste Größe. Interactive Brokers verfügt über eine hochmoderne Handelsplattform, die Trader Work Station, und bietet dazu einen Zugang über Webbrowser und mobil auch über Smartphone-Apps an. Der Broker, der auch eine deutschsprachige Seite hat, bietet günstige Konditionen für den Kauf von Aktien und börsengehandelten Fonds an.

Beide Partner bei Covestor, die Trader und Follower, müssen demnach ein neues Konto bei dem Partner-Broker eröffnen, um danach über Covestor miteinander verbunden zu werden. Bestehende Konten können bislang nicht genutzt werden.

Beim Durchleiten der Transaktionen vom Signalgeber zum Signalnehmer nimmt Covestor neben der reinen »Exekution« der Trades auch Kontrollaufgaben wahr. So werden Trades nicht durchgeroutet, die gegen die »Tradingregeln« verstoßen. Wenn der Profi also entgegen seiner Risiko-Einstellung Aktien leerverkauft oder kleine, marktenge Werte kauft, werden diese Käufe nicht an den Kunden weitergeleitet. Daytrader dürften eine geöffnete Position nicht innerhalb einer Zeitspanne von unter 15 Minuten wieder schließen. Die Weiterleitung der Transaktion dauert nach Covestor-Angaben zwei bis drei Minuten.

Geschäftsmodell

Einfach und klar sind bei Covestor auch die Einkünfte der Trader und des Unternehmens selbst geregelt. Beide teilen sich eine Gebühr, die der Anleger für die Nutzung der Signale und der Plattform erhebt. Diese Gebühr legt der Model Manager fest. Sie kann zwischen 0,5 Prozent und 2,0 Prozent des investierten Kapitals jährlich liegen. Mindestens liegt die Gebühr für jedes abonnierte Tradingmodell bei fünf Dollar monatlich.

Die Gebühren, die für beide, Trader und Follower, bei den Käufen und Verkäufen entstehen, werden ohne Covestor abgerechnet. Sie liegen pro Transaktion bei circa einem Dollar.

Covestor wird von drei Investoren unterstützt. Dies sind die Finanzinvestoren Union Square Ventures, Spark Capital und Amadeus Capital Partners.

Bewertung

Covestor liefert ein klares, transparentes Angebot für Social-Tradinganleger. Und das in jeder Beziehung: Die Plattform ist schon optisch aufgeräumt und erklärt sich schnell. Zusätzlich erhält der Interessent vielerlei Hilfestellung darüber, wie Covestor funktioniert, wie die Model Manager ausgewählt werden können, und wie die Vergütungs- und Kostenstrukturen aussehen.

Die Informationen über die Trader sind ebenfalls detailliert. Risikokennziffern, die Selbstdarstellung und die Kommentare der Profis ermöglichen eine sinnvolle Beurteilung der Strategien. Und von diesen gibt es eine vielfältige Auswahl: Von reinen Aktientradern bis hin zu »Social-Dachfondsmanagern« mit ETFs ist alles vertreten.

Die Vorgaben, die die Anleger erfüllen müssen, um bei Covestor Strategien kopieren zu können, sind allerdings nicht von Pappe. Das Mindestkapital liegt bei 10.000 Euro, zudem besteht mit Interactive Brokers nur ein Partner. Bei diesem muss eigens ein neues Konto eröffnet werden, das dann über Covestor die Verbindung zum Trader herstellt.

Die Spiegelung der Handelssignale dauert bei Covestor mehrere Minuten, was aus Sicht vieler anderer Tradingplattformen eine eher lange Zeitspanne ist. Sehr kurzfristige Daytrader-Strategien sind damit nicht umsetzbar. Zudem entsteht durch die Verzögerung bei der Übertragung ein

»Performance Drift«, der sich zulasten des Anlegers auswirken kann. Er wird allerdings auf der Profilseite der Trader angezeigt.

Covestor ist bei der US-Börsenaufsicht SEC als Investment Advisor registriert, ebenso wie der Partner Interactive Brokers, dessen Tochter in Großbritannien auch durch die britische Börsenaufsicht überwacht wird. Interactive Brokers ist auch bei der deutschen Börsenaufsicht, der Bundesanstalt für Finanzdienstleistungsaufsicht (BaFin), als grenzüberschreitender Finanzdienstleister registriert.

Checkliste Covestor

> Model-Manager-Strategie

Covestor bietet eine Vielzahl von Kriterien, nach denen man »seinen« Profi auswählen kann. Die Strategie sollte der eigenen Präferenz entsprechen und auch zur Einschätzung des Marktes insgesamt passen. Wer von guten Jahren für den Aktienmarkt ausgeht und nur die »richtigen« Aktien im Depot haben möchte, ist mit einer »only-long«-Strategie gut bedient. Wer eine Vermögensverwaltung per Social-Trading-Strategie aufbauen will, sollte vielleicht zu einer der ETF-Dachfonds-Konstruktionen greifen.

> Trader-Auswahl

Bei Covestor finden sich Anbieter mit unterschiedlichem Hintergrund: professioneller Vermögensverwalter oder leidenschaftlicher Börsen-Privatier? Das dürfte Geschmackssache für den Signalnehmer sein. In allen Fällen sollte ein längerer Track-Record vorliegen, der zeigt, dass in verschiedenen Phasen der Aktienmärkte richtig reagiert wurde.

> Risikokontrolle

Ein gutes Händchen für die Outperformer in der Hausse zu haben, ist großartig. Aber mit welchen Schwankungen, sprich welchem Risiko, operiert der Trader, um seine Performance zu erreichen? Wie groß sind die Einzelpositionen, mit denen er arbeitet, wie hoch sind die Verluste, die er bei seinen Trades akzeptiert? Ein Blick auf Risikokennziffern wie Drawdown, Volatilität und Sharpe Ratio stellt hier eine Vergleichbarkeit her.

> Konto-Check

Schön, wenn der Model Manager ordentliche Gewinne mit seiner Strategie macht. Aber wie viel davon kommt auf dem Konto des Anlegers an? Das sollte regelmäßig kontrolliert werden. Wenn der »Drift«, also der Abstand, zu groß ist und Trades stets zu schlechteren Kursen übertragen werden, sollte mit Covestor Kontakt aufgenommen werden.

3.2 Currensee: Ausgewählte Devisen-Profis

Gold? Aktien? Hedgefonds? Die Ergebnisse der »Trade Leader« von Currensee lassen diese bekannten Anlageklassen alt aussehen. Das zeigt zumindest der Performance-Vergleich, den Currensee auf der Startseite seines Social-Trading-Portals in einem Balkendiagramm veranschaulicht. Die Signalanbieter, die das Unternehmen aus Boston zu bieten hat, übertrumpften im Durchschnitt alle anderen Assetklassen in den vergangenen zwölf Monaten deutlich. Die Profis am Devisenmarkt traden und gewinnen zu lassen, sei das bessere, das »alternative Investment«, so der Slogan des Unternehmens.

Bereits seit fünf Jahren ist Currensee aktiv. Damit gehört die Firma mit 27 Beschäftigten und drei Investoren im Hintergrund schon zu den Pionieren des Social-Trading-Trends. 2013 hat Currensee etwa 50 Millionen Dollar an betreutem Vermögen – »Asset under Management«. Mehr als 1.000 Kunden sind mit ihren Handelskonten an die Trade Leader angekoppelt und vollziehen deren Trades vollautomatisch nach.

Currensee wird durch die britische Börsenaufsicht FCA überwacht und gehört auch der National Futures Association (NFA) in den USA an.

Currensee verfolgt von Anfang seines Bestehens an einen klaren Ansatz des »Mirror-Tradings« oder »Copy-Tradings«. Als Handelsinstrument dient nur der Forex-Markt, also das Handeln mit Währungspaaren. Der

Devisenmarkt ist der nach Volumen größte Finanzmarkt der Welt, auf dem täglich Billionen Dollar, Euro oder Yen umgesetzt werden. Damit sind eine hohe Liquidität und geringe Spreads bei fast allen Transaktionen gesichert.

Gleichermaßen strikt ist Currensee bei den Rahmenbedingungen für Tradingprofis und Investoren. Die Signalgeber müssen mit einem Echtgeldkonto arbeiten, über das sie ihre Handelsstrategien anbieten. Auch die potenziellen Follower, die die Signale der Profis abonnieren wollen, müssen schon beim Registrierungsprozess ein Echtgeldkonto bei einem der Partner von Currensee angeben. Demokonten, bei denen mit virtuellem Geld »gespielt« wird, gibt es nicht.

Sechs Monate auf Probe

Auf der Seite der Trade Leader wendet sich Currensee ausdrücklich an professionelle Händler, Vermögensverwalter und Fondsmanager als willkommene Kandidaten. Laut dem Unternehmen erreichen weniger als ein Prozent der Bewerber den Trade-Leader-Status.

Die Signalgeber müssen mit ihrem Echtgeldkonto bei Currensee antreten, um ihre Ernsthaftigkeit schon beim Zulassungsprozess unter Beweis zu stellen. Dieser dauert nach einer Prüfung der Strategie und Risikovorgaben des Traders sechs Monate. Erst wenn in dieser Zeit eine positive Performance erzielt wird und der Trader weder gegen seine eigenen Risikovorgaben noch gegen die von Currensee verstoßen hat, wird eine Zulassung erwogen. Danach entscheidet noch das »Executive Team« über die Aufnahme in das Trade Leader Board.

Zu den Risikoregeln gehört es etwa, dass nie mehr als 20 Handelspositionen gleichzeitig offen gehalten werden. Oder dass nicht mehr als 20 Prozent des Kontowertes gleichzeitig in offenen Positionen gehalten werden. Die Trade Leader müssen ihre Transaktionen außerdem mit »vernünftigen« Stop-loss- und Take-Profit-Grenzen versehen, um große Verluste zu vermeiden und Gewinne auch tatsächlich einzufahren.

Nach der Aufnahme in den illustren Kreis der Signalgeber werden die Trader weiter überwacht. Ein Verstoß gegen die Risikoregeln, aber auch ein größerer Verlust, führen zur Eliminierung vom Leader Board.

Die harten Aufnahmekriterien sorgen dafür, dass die Zahl der zugelassenen Signalgeber stets überschaubar bleibt. In den vergangenen Jahren standen selten mehr als 30 Profis bei Currensee zur Auswahl.

Entsprechend den Risikovorgaben des Unternehmens an seine Trade Leader sind jährliche Wertentwicklungen von 100 und mehr Prozent eher selten. Im Schnitt liegt die Performance aufs Jahr gerechnet bei rund 20 Prozent. Der maximale Verlust schwankt zwischen 10 und rund 30 Prozent. Die meisten der Trade Leader weisen eine nachprüfbare Handelshistorie von einem bis vier Jahren auf.

Alle Signalgeber müssen ihr System einem Handelsansatz zuordnen. Viele nutzen Strategien, die auf der technischen Analyse beruhen, andere versuchen, über das Ausnutzen von kleinen Kursschwankungen (Scalping) ihre Performance zu erreichen. Eine Erläuterung der Handelsansätze der Profis ist stets vorhanden, allerdings unterschiedlich aussagekräftig.

Rendite made in China

Einer der Dauerspitzenreiter des Leader Board, ein Chinese unter dem Namen »Joiny Jiang«, bietet zwei Handelssysteme an, die mit wenigen Währungspaaren überwiegend Intraday Trades vollziehen – ausschließlich im außereuropäischen Handel. Beide Systeme sind seit mehr als zwei Jahren profitabel. Der Trader gibt selbst eine Renditeerwartung von 20 bis 30 Prozent und einen maximalen Verlust von 15 Prozent als Ziel an. Bislang wurde die Vorgabe erreicht. Joiny Jiang ist freiberuflicher Händler und hat sogar seine Mitgliedsnummer bei der NFA (National Futures Association) auf Currensee angegeben.

Zur Beurteilung der Strategien bietet Currensee neben den Performance-Zahlen und der kompletten Historie aller Handelsabschlüsse auch eine Reihe von Kennziffern an. So zum Beispiel einen Risk Score, bei dem der Trader in Sachen Performance und Risiko mit dem Aktienindex S&P 500 und den anderen Tradern auf Currensee verglichen wird.

Portfolio aus Tradern

Die Mindestanlagesumme bei den derzeit angebotenen Handelssystemen liegt bei 1.000 Dollar, eine Reihe von Systemen benötigen aber einen Kapitaleinsatz von bis zu 6.000 Dollar.

Als Investor kann man seine Mittel beliebig auf verschiedene Trader verteilen oder auf einen einzigen Anbieter konzentrieren. Die Handelsausführung erfolgt dann automatisch. Wenn einer der Trade Leader im eigenen Portfolio eine Transaktion in Euro/Dollar ausführt, wird diese über den verbundenen Forex-Broker im Konto des Kunden entsprechend der Kontogröße proportional gespiegelt.

Trotz der Handelsautomatik kann der Kunde aber offene Positionen auch manuell schließen, wenn er etwa Gewinne vorzeitig sichern oder allzu große Verluste vermeiden will.

Currensee bietet seinen Nutzern auch ein soziales Netzwerk an. Private Forex-Anleger können sich dort über Strategien beim Handel am Devisenmarkt austauschen. Sie erhalten innerhalb eines »Trading-Teams« sogar einen gegenseitigen Einblick in ihre echten Transaktionen. Die Mitglieder des Netzwerkes versorgt Currensee mit Marktnachrichten und einer Übersicht über das Tradingverhalten anderer Marktteilnehmer. Daraus, so die Idee, kann der private Investor Handlungsempfehlungen für seine eigene Strategie ableiten.

Verbindung über Partner-Broker

Die Transaktionen in den Währungspaaren wie Euro/Dollar oder Dollar/Yen laufen komplett über angeschlossene Partner-Broker ab. Der Kunde kann dabei aus einer großen Anzahl von Forex-Anbietern auswählen, die zum Teil auch in Deutschland vertreten sind, wie Alpari oder FXCM. Currensee selbst versteht sich also als reine Vermittlungsplattform ohne eigene Brokerfunktion.

Die Kunden von Currensee stammen zu einem Großteil vom nordamerikanischen Kontinent. Die Internet-Seite hat zwar auch einen deutschsprachigen Einstieg, der Support per Mail, Telefon oder Internet-Chat läuft jedoch ausschließlich in Englisch ab.

Geschäftsmodell

So klar wie die Spielregeln bei der Zulassung der Top-Trader sind die Vergütungsregularien bei Currensee, die für die Einkünfte der Plattform und ihrer Trade Leader sorgen. Bezahlt werden die Trade Leader bei Currensee nach Leistung, sprich Performance. Nur wer für seine Follower Profite erwirtschaftet, profitiert auch selbst.

Die Plattform behält 20 Prozent der erzielten Gewinne als Performance Fee ein. Davon wird der größere Teil, 15 Prozent der Erträge, an den Trader weitergeleitet, 5 Prozent des Gewinns behält Currensee. Dabei greift ein Höchststandsprinzip (High-Water-Mark): Nur wenn der Trader einen neuen Höchststand erzielt, werden die Performance-Gebühren fällig.

Currensee erhält also einen Teil der erzielten Gewinne. Der Investor entrichtet zudem 2 Prozent seiner Einlage als Servicegebühr. Sie wird monatlich belastet. Weitere Kosten entstehen für den Anleger nicht.

Als »Introducing Broker«, der seinen verbundenen Forex-Handelsanbietern neue Kunden zuführt, bekommt das Unternehmen zudem Prämien von diesen Brokern. Außerdem vermarktet Currensee weitere kostenpflichtige Dienste an seine Kunden.

Durch die Einführung seines Trader-Netzwerks hat sich das Unternehmen eine weitere Einkommensquelle gesichert. Denn auch über die »Community« werden neue Kunden mit ihren Konten an die Partner-Broker vermittelt.

Bewertung

Currensee hat in den fünf Jahren seines Bestehens an seiner grundlegenden Unternehmensphilosophie nicht gerüttelt: Tradingprofis arbeiten für private Anleger. Nur wer viel Erfahrung als Trader sowie einen entsprechenden »Track Record« hat und ein stimmiges, nachvollziehbares Handelssystem vorweisen kann, ist als Trade Leader auf der Plattform qualifiziert.

Gehandelt wird ausschließlich mit echtem Geld, und zwar sowohl bei den Leadern wie bei den Signalnehmern.

Bei der Einschränkung auf den Devisen-Markt ist Currensee geblieben. Nicht zuletzt überzeugt das Vergütungssystem auch nach fünf Jahren noch durch seine Klarheit und Transparenz. Die Performance sowohl des Traders als auch des Followers wird nicht durch eine Ausweitung des Spreads beim Handel selbst beeinträchtigt, wie dies bei vielen anderen Social-Trading-Plattformen praktiziert wird.

Das klare Angebot des Unternehmens an beide Partner im Social Trading sowie die harte Auswahl der Top-Trader und nicht zuletzt die transparenten Vergütungsstrukturen heben Currensee noch heute von vielen Konkurrenzangeboten wohltuend ab.

Das kleine Leader Board hat aus Anlegersicht aber auch seine Tücken. Fast immer sind dort nur Trader mit einer deutlich positiven Performance und moderatem Risiko bei ihren Transaktionen zu finden. Doch das Board gibt keinen Aufschluss darüber, wann und wie viele Trader wegen schlechter Performance oder Verstoßes gegen die Spielregeln bei Currensee eliminiert wurden. Welche Verluste in angebundenen Anlegerkonten verursacht wurden, darüber kann nur gemutmaßt werden. Auch die aufwendig gefilterten Trade Leader auf Currensee können jedenfalls nicht alle über mehrere Jahre kontinuierliche Profite produzieren.

Die bewusst hohe Einstiegshürde für Signalnehmer bei der Mindesteinlage dürfte weiterhin dafür sorgen, dass private Anleger mit kleineren Konten Currensee seltener nutzen. Mit seinem sozialen Netzwerk versucht das Unternehmen, auch diese stärker an sich zu binden. Ob dies langfristig zu höheren Zahlen beim Anbinden an die Trade Leader führt, bleibt abzuwarten. Auch bei der Mitgliedschaft zur Community hat Currensee eine Einstiegshürde eingebaut. Denn nur wer sein Handelskonto mit der Plattform verbindet, kann die Funktionalitäten nutzen. Das Unternehmen legt also auch hier Wert auf Club-Atmosphäre. Besonders für Einsteiger ins Social Trading könnte dies ein Hemmnis sein.

Checkliste Currensee

- Strategieauswahl

Vor der Auswahl eines Traders, dem der Anleger auf Currensee folgen will, steht das Abklopfen einiger Kriterien. Findet sich auf dem Leader Board eine Strategie, die verständlich und nachvollziehbar formuliert ist und zu mir passt? Nicht jeder Anleger kann sich zum Beispiel mit Scalping oder Swing Trading identifizieren.

- Welcher Trader?

Wem will ich mein Geld anvertrauen? Wohl am ehesten einem Trader, der sein Können über einen längeren Zeitraum nachprüfbar unter Beweis gestellt hat. Der Track Record spielt dabei eine entscheidende Rolle. Er sollte mindestens ein, besser zwei oder drei Jahre umfassen.

- Portfoliosteuerung

Wer seine Einlage bei Currensee auf mehrere Trade Leader verteilt, um sein Risiko zu streuen, sollte unterschiedliche Tradingansätze in ein Portfolio einbauen. Etwa einen Profi, der rein charttechnisch orientiert ist, und einen, der stärker nachrichtengetrieben im Devisenmarkt reagiert. Unterschiedliche Tradinghorizonte und Basiswerte verringern die Korrelation verschiedener Trader.

- Trade-Überwachung

In regelmäßigen Abständen sollte einerseits überprüft werden, ob die Trades der Leader im eigenen Konto möglichst genau gespiegelt werden. Zum anderen sollte man es nicht dem Plattformbetreiber alleine überlassen, zu prüfen, ob sich der Trader an seine eigenen Vorgaben hält. Vor allem in Verlustphasen erliegen viele Signalanbieter der Versuchung, das Risiko in den Positionen zu erhöhen. Bei Zweifeln am gewählten Trader sollte man schnell die Verbindung kappen.

> Service und Support

Gibt es Grund zur Beanstandung, steht der Betreiber gleich doppelt auf dem Prüfstand. Eine Reaktion auf Beschwerden sollte einerseits binnen weniger Stunden erfolgen. Ein guter Service eröffnet außerdem die Möglichkeit zum Dialog, geht auf die individuelle Fragestellung ein und verweist nicht nur auf das Kleingedruckte. Currensee ist per Telefon (in die USA) per Mail und per Internet-Chat gut erreichbar.

3.3 ayondo: Karriereleiter für Trader

Top-Trader Tom, grauhaarig, sonnengebräunt und mit markigen Gesichtszügen, sitzt zu Hause vor seinem Handelscomputer. Mit scharfem Blick sondiert er den Markt. Ein kurzer Check des Ein-Minuten-Charts beim Dow-Jones-Index, und der Profi ist sich sicher: Verkaufen! Natürlich mit Gewinn. Einen Mausklick später ist der Profit eingefahren. In der gleichen Sekunde klingelt es auch in der Kasse seiner Follower: Lothar, Küchen-Maus, Traderotti und Allisa92 verfolgen das Geschehen live am Computer, iPad oder Smartphone. Wieder vier Prozent plus in allen Handelskonten. Die Follower sind außer sich vor Begeisterung, Top-Trader Tom lächelt sein Siegerlächeln.

Der TV-Spot von ayondo mit dem Top-Trader in der Hauptrolle beschreibt den Ansatz des Unternehmens aus Frankfurt schon ziemlich genau. ayondo will Handelsprofis mit den Amateuren in Sachen Trading zusammenbringen. Letztere, so das Argument von ayondo, sind in aller Regel die Verlierer im hektischen Finanzmarkt. Gier und Angst lassen die meisten Anlegerdepots im Haifischbecken der Börse untergehen. Da könnte doch ein Tradingprofi hilfreich sein. Statt sich als Privatanleger selbst den Kopf über die richtige Aktie und den chancenreichsten Markt zu zerbrechen, kann das der Experte übernehmen. Er denkt, ayondo lenkt – und alle gewinnen.

ayondo wurde bereits im Jahr 2008 von Manuel Heyden und Julian Handte gegründet und ging im Mai 2009 online. Damit ist das Unternehmen einer der ältesten Social-Trading-Anbieter in Deutschland. Inzwischen beschäftigt ayondo elf Mitarbeiter. Die Zahl der registrierten Nutzer liegt Mitte 2013 bei rund 60.000, davon entfallen etwa 50.000 auf Deutschland.

An ayondo hält die Next Generation Finance Invest (NextGFI), ein in der Schweiz börsennotiertes Beteiligungsunternehmen, knapp die Hälfte der Anteile. Über NextGFI ist ayondo auch ins Netzwerk mit Gekko Global Markets eingebunden. Der CFD-Broker mit Hauptsitz in London wickelt die Transaktionen ab, die durch das Zusammenführen von Signalgebern und Signalnehmern entstehen.

Ein Handel ist ausschließlich über CFDs möglich (siehe dazu den Hintergrund zu CFD in Kapitel 3). ayondo bietet bislang insgesamt 87 Basiswerte an, darunter CFDs auf Indizes wie den »DE 30« oder den »US 500«, die dem Dax und dem S&P 500 entsprechen. Die wichtigsten Währungspaare wie Euro/Dollar oder Euro/Yen, die Rohstoffe Gold, Silber und US-Rohöl und CFDs auf die Aktien europäischer Großkonzerne, wie die Deutsche Bank, Royal Dutch Shell oder VW, gehören dazu.

Das Layout der Seite entspricht dem Look-and-Feel des Social Web. Slideshows, in denen sich die Seite mit ihren Kernfunktionen präsentiert, eine Auswahl durchrotierender Top-Trader, Mouse-over-Effekte im Menübereich – ayondo ist formal auf der Höhe des Web 2.0.

Die Ansprache des Portals ist entsprechend. Interessenten und Kunden werden kurzerhand geduzt, alle sollen Teil der Social Community sein. Um in diese Gemeinschaft aufgenommen zu werden, reichen wenige Klicks. Für ein Demokonto ist nur eine E-Mail-Adresse nötig. 15 Tage lang kann der neue Nutzer dann die Funktionen der Plattform ausprobieren. Die Erklärung der ayondo-Philosophie und die Erläuterungen der Funktionen der Plattform sind auch für Investment-Anfänger leicht verständlich.

Die Hürde für ein Echtgeldkonto hat ayondo niedrig gelegt. Mit 100 Euro Startkapital kann das Social-Trading-Spiel beginnen, der Betrag ist nach einer Überweisung oder per Kreditkartenzahlung schnell transferiert. Seit der Version 3.0, die im Frühjahr 2013 eingeführt wurde, ist nur noch der eigene Broker ayondomarkets als Handelsplattform vorgesehen. Kunden müssen entsprechend dort ein Konto eröffnen. Bisherige Kooperationen mit CFD-Anbietern wie Alpari und AvaFX sind im Mai 2013 ausgelaufen.

Einen regulatorischen Rahmen hat ayondo zum einen durch die von der BaFin kontrollierte DonauCapital Wertpapier AG. Unter deren Dach agiert ayondo als Anlage- und Abschlussvermittler. Der verbundene CFD-Broker Gekko Global Markets ist durch die britische Börsenaufsicht reguliert.

Wie ayondo funktioniert

Für Follower ist die Plattform intuitiv zu bedienen. Wer sich einen der Trader in sein eigenes Portfolio einbauen will, kann dies per Drag-and-drop tun. Bis zu fünf Trader können in ein Follower-Portfolio eingefügt werden.

Die Transaktionen werden proportional ausgeführt. Löst also ein Top-Trader in seinem 100.000-Euro-Konto eine Transaktion mit 1.000 Euro Marge aus, dann wird dieselbe Transaktion für den Anhänger entsprechend heruntergerechnet: Das 2.000-Euro-Depot führt sie dann also mit einem Einsatz von 20 Euro aus.

Sind mehrere Trader ausgewählt, werden die Transaktionen auch nur anteilig abgewickelt. Der Anlageprozess verläuft nach der Autorisierung durch den Follower vollautomatisch, er muss danach also nicht online und auch nicht bei der Plattform angemeldet sein, um die Signale der Trader zu kopieren.

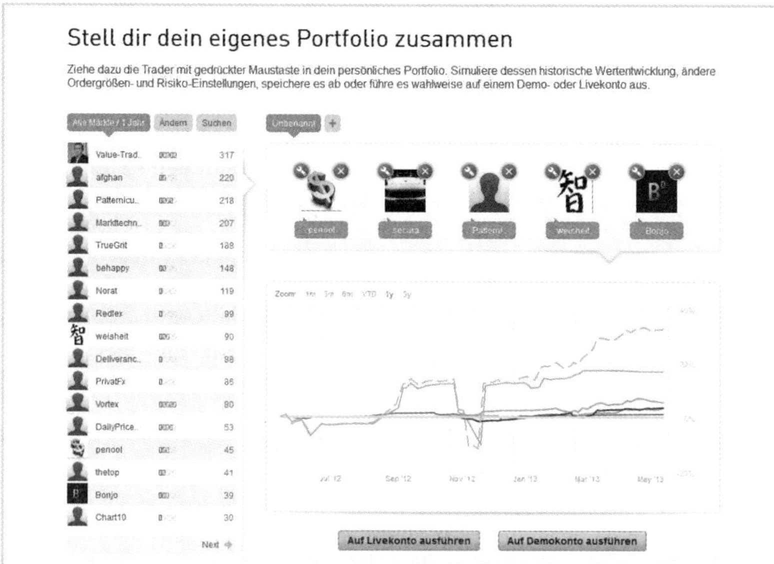

Abbildung 7: Screenshot ayondo – Trader-Portfolio per Drag-and-drop, Quelle: ayondo

Neben der Möglichkeit, das Anlagerisiko über mehrere Trader zu streuen, können die Follower auch noch die Risk-Protection-Funktion nutzen. Bei Verlusten im eigenen Konto wird ab einer bestimmten Grenze die Reißleine gezogen. Alle offenen Positionen werden automatisch verkauft, wenn zum Beispiel der Kontowert unter 70 Prozent fällt.

Signale aus dem Demokonto

Für Trader bietet ayondo ein 100.000-Euro-Demokonto an, mit dem sie ihre Strategie abbilden können. Es wird also nicht mit echtem Geld auf Traderseite gearbeitet. Um sich für potenzielle Anhänger zu empfehlen, muss der Trader sich auf einer Karriereleiter bewegen, die eine Reihe von Kriterien vorsieht. Wer über das unterste Level, das des »Street Traders«, hinauskommen will, der muss 15 Trades in 30 Tagen abschließen, durch die ein maximaler Verlust des Handelskontos (Drawdown) von 25 Prozent nicht überschritten wird.

Für das höchste Level, das des »Institutional«, benötigt der Trader einen Track Record von einem Jahr und darf gewisse Vorgaben zum Drawdown sowie zur Schwankungsbreite (Volatilität) nicht überschreiten. Und er muss jährlich mindestens acht Prozent Rendite erwirtschaften.

ayondo ordnet die Trader entsprechend ihren Levels in den Rankings ein, jedes erreichte Level wird durch ein Fähnchen symbolisiert.

Auf den Profilseiten der Trader sind alle vergangenen Transaktionen offen einsehbar. Dazu kommen Vergleiche mit wichtigen Aktienindizes und die Darstellung von Risikokennziffern. Zu ihnen gehören neben dem Drawdown und der Volatilität auch die Sharpe Ratio und das Value at Risk (VaR).

Verdienst nach Karrierestufe

Das Level-System hat neben der öffentlichen Dokumentation des Erfolgs eines Traders auch eine finanzielle Belohnungskomponente: Denn je höher der Level eines Signalgebers ist, desto größer fällt seine Vergütung aus. Das Handelsvolumen, das bei den Transaktionen entsteht, wird in Lot gemessen. Ein Trade über 100.000 Euro Volumen zum Beispiel bei einem Euro-Dollar-CFD ist dabei ein Lot. Pro Lot an Handelsvolumen erhält der Trader zwischen einem und fünf Dollar, je nach seinem Karriere-Level.

ayondo plant zudem, neben der volumenabhängigen Vergütung auch eine performanceabhängige Vergütung der Trader mit höheren Levels einzuführen. Diese sollen dann einen »ayondo-Index« bilden, auf dessen Grundlage eigene Anlageprodukte entwickelt werden sollen.

Eine Neuerung auf der Plattform ist die Möglichkeit, Einblick in die Konten derjenigen Follower zu nehmen, die bei der sinnvollen Auswahl von Tradern besonders erfolgreich sind. Damit soll Anlegern eine Hilfestellung dabei gegeben werden, ein Trader-Portfolio sinnvoll aufzubauen und zu steuern.

Technisch bemüht sich das Unternehmen ebenfalls, die Möglichkeiten des modernen Tradings zu bieten. Über Apps können Signalnehmer und Trader mobil per Smartphone und Tablet-PC auf die Plattform zugreifen. Der Partner Gekko Global Markets, mit dem ayondo den gemeinsamen Broker, ayondo markets, betreibt, will mittelfristig auch den Zugriff über die Software Meta Trader anbieten, die viele Trader nutzen.

Geschäftsmodell

Die Vergütung der Trader und die Erlöse von ayondo hängen zum Großteil vom Handelsvolumen ab, welches die Follower durch ihre Transaktionen erzeugen. Einnahmen durch die Vermarktung von Content auf Finanzseiten im Internet werden bislang noch nicht erzielt. Bei einigen Kooperationspartnern, wie auf der Seite des Finanzportals Finanztreff.de, werden die Ergebnisse von Top-Tradern in ausgewählten Bereichen bereits angezeigt.

Nach Angaben von NextGFI-Co-Chef Robert Lempka soll ayondo im dritten Quartal 2013 einen positiven Cashflow erzielen. Laut ayondo-Manager Alexander Surminski steht für das Unternehmen derzeit die Expansion ins europäische Ausland im Vordergrund. Ein wichtiger Schritt war dabei der Markteintritt in Großbritannien im Mai 2013.

ayondo ist durch seine Anbindung in das Netzwerk von Next GFI in der Lage, weitere potenziell kostenpflichtige Dienste anzubieten, etwa Stimmungsbarometer (Sentiment), die von der NGI-Tochter 2iQ ermittelt wurden. Insider-Daten stellt der Dienst 2iQ Research zur Verfügung. Derzeit werden damit allerdings noch keine Umsätze erwirtschaftet.

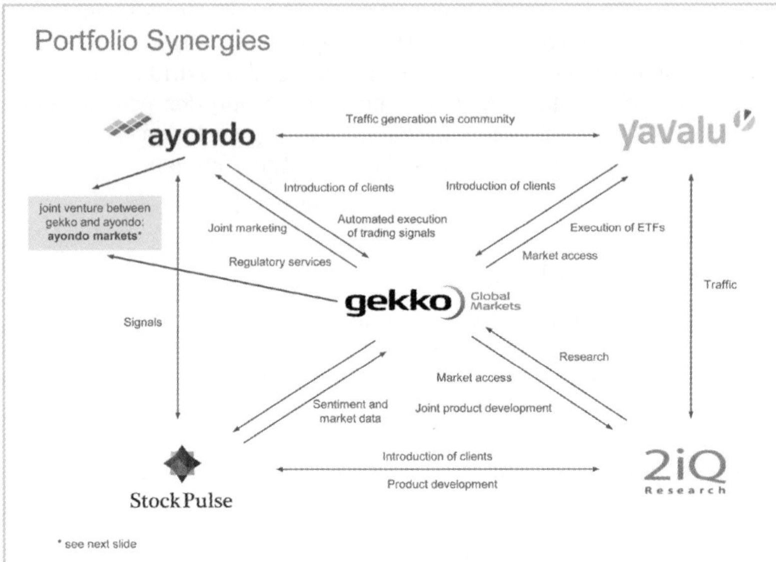

Abbildung 8: Netzwerk von Next Generation Finance Invest, Quelle: NextGFI

Bewertung

Der Erfolg der Plattform steht und fällt wie bei allen Signalanbieter-Diensten mit den Erfolgen der Trader, die ihre Dienste anbieten. Ein Blick auf den Track Record bei ayondo zeigt, dass es derzeit noch wenige Trader geschafft haben, eine gute Performance bei moderatem Risiko über einen längeren Zeitraum zu erreichen.

In den drei obersten Karriere-Levels »Professional«, »Risk-Adjusted« und »Institutional« finden sich regelmäßig zwischen 20 und 30 Trader. Von diesen wiederum kann nur ein Teil mit einer zumindest einjährigen Trader-Geschichte auf ayondo aufwarten. Im obersten Level findet sich seit Beginn der Einführung der Karriere-Leiter in der Version 3.0 nur eine Handvoll Anbieter.

Großteil des Volumens in unteren Levels

In den unteren Levels »Street Trader« und »Advanced« spielt sich auch ein halbes Jahr nach Einführung der aktuellen Version der Software noch der Großteil des Handelsvolumens ab. Die Street Trader können ohne Zertifizierung und Bewährungszeit Follower gewinnen und Vergütungen erhalten.

Die Vergütungsstruktur, bei der nach Handelsvolumen die Auszahlungen an die Trader erfolgen, lockt weiterhin viele Anbieter an, die mit hohen Risiken und hektischer Handelsaktivität arbeiten, um möglichst hohe Umsatzbeteiligungen einzufahren.

ayondo arbeitet nach eigener Aussage daran, die weniger risikobeladenen Strategien und die konservativeren Trader besser zu entlohnen und an die Plattform zu binden. Dies ist zumindest laut Alexander Surminski in absehbarer Zeit geplant.

Nur dann dürften sich wohl große Investoren finden, die bereit sind, hohe Beträge in eine Trading-Strategie zu stecken.

Da es sich bei ayondo in der aktuellen Version nur um Demokonten bei den Tradern handelt, wird deren Bereitschaft, hochriskante Strategien mit hohen Transaktionszahlen anzubieten, tendenziell verstärkt. Das finanzielle Risiko liegt so ausschließlich beim Follower, der Trader kann eine erfolglose Strategie jederzeit beenden und einen neuen Versuch starten, Follower zu gewinnen.

Dies wird auch dadurch erleichtert, dass ayondo noch auf der Anonymität der Trader besteht. Für die Follower ist eine Strategie nur anhand der Transaktionen des Traders ablesbar, es gibt keine offizielle Vorstellung der Handelsansätze. Laut dem Management will ayondo den Dialog zwischen Tradern und Followern aber über das Netzwerk Google+ ermöglichen.

Bei der Darstellung der Follower-Zahlen ist schließlich für die Interessenten nicht klar, ob es sich dabei um Anleger handelt, die ihr reales CFD-Konto tatsächlich bei einem Trader »angedockt« haben, oder nur um Interessenten, die die Trades verfolgen, aber nicht automatisch nachhandeln wollen.

Wille zur Veränderung

ayondos Fähigkeit zur Weiterentwicklung hat der Plattform aber in den vergangenen Jahren bereits ein klareres Profil gegeben. Die erklärte Absicht, eher den »investierenden Anleger« mit langfristig funktionierenden Strategien zu versorgen, dürfte zu weiteren Veränderungen führen.

Mit dem starken Netzwerk an Partnern ist ayondo zudem Teil einer fast vollständigen Wertschöpfungskette in Sachen Social Trading. Unter dem Dach der NextGFI dürften notwendige Innovationen und Investitionen zu stemmen sein.

Technische Schwierigkeiten bei der Anbindung von Tradern hat ayondo mit der exklusiven Partnerschaft mit dem CFD-Broker Gekko Global Markets hinter sich gelassen. Seit Mitte 2013 scheinen die Ausführungen der Trades und die Durchleitung zu den Follower-Konten schnell und präzise zu sein. ayondo kann mit einer strengen Regulierung sowohl aufseiten des Plattform-Betreibers wie auch des Broker-Partners punkten.

Und nicht zuletzt trumpft die Plattform mit ihrer benutzerfreundlichen, modernen Oberfläche auf. ayondo macht Spaß und ist im positiven Sinne suchtgefährdend. Ein klarer Pluspunkt im Web 2.0.

Checkliste: ayondo

> Traderauswahl

Den Werdegang des Traders sollte man vorab genau unter die Lupe nehmen. Die Performance und die Risikokennziffern, die ayondo dazu anbietet, geben bereits gute Anhaltspunkte.

> Tradingstrategie

Um den Handelsansatz eines Traders bei ayondo besser nachvollziehen zu können, bietet sich ein Blick in die Transaktionshistorie an. Mit welchen Basiswerten arbeitet er, welche Positionsgrößen werden in den einzelnen Basiswerten eröffnet? Wie eng setzt der Trader seine Stops? Wie sehen die profitablen Trades im Vergleich zu den Verlusttrades aus? Wie reagiert der Trader in Drawdown-Phasen, wird dann das Risiko, sprich die Positionsgröße, erhöht?

> Portfolioaufbau

Wer mehrere Signalgeber in seinem ayondo-Konto handeln lassen will, sollte sich über die eigene Strategie im Klaren sein. Soll nur innerhalb einer Risikogruppe diversifiziert werden? Das geht am sinnvollsten über eine Mischung der Trader nach verschiedenen Lieblingsbasiswerten bei den Profis. Oder geht es dem Anleger darum, das Risiko insgesamt zu verringern? Dann sollten Trader mit unterschiedlichen Basiswerten und verschiedenen Risikokennziffern kombiniert werden.

> Risikobegrenzung

Die Loss Protection im ayondo-Konto sollte sinnvollerweise nur im Zusammenhang mit dem Risiko eingestellt werden, das der Trader oder die Trader im eigenen Portfolio bereits vorgeben. Wird etwa einem Trader gefolgt, dessen Drawdowns durchaus 25 Prozent erreichen, dann macht eine Loss Protection bei zehn Prozent des Einstandswerts wenig Sinn. Wer Verluste von mehr als zehn Prozent aber nicht in Kauf nehmen möchte, der sollte weniger risikobereiten Tradern folgen.

> Ausführung

Da die Trades des Signalgebers bei einem ayondo-Konto transparent ablaufen, kann der Anleger ein eigenes »Controlling« aufsetzen. In regelmäßigen Abständen sollte überprüft werden, ob bei der Durchleitung der Transaktionen Diskrepanzen auftreten. Konnten Trades häufig nur zu schlechteren Preisen übernommen oder gar nicht ausgeführt werden, heißt es, Kontakt zum ayondo-Service aufnehmen.

> Dialog und Service

Im Social Web sind schnelle Antworten auf Mails oder ein schneller Rückruf bei Problemen obligatorisch. ayondo als deutscher Anbieter mit Sitz in Frankfurt und Gekko Global Markets mit einer deutschen Niederlassung haben sich einen zuverlässigen und schnellen Service auf die Fahne geschrieben.

Top-Trader bei ayondo: Ein Selbstversuch

Mein Experiment in Sachen Social Trading beginnt im Dezember 2011. ayondo hat wenige Wochen zuvor seine Version 2.9 gestartet und damit seine Nutzerzahl weiter nach oben geschraubt. Nun ist der Einstieg in die neue Welt des Tradens nämlich schon ab 100 Euro möglich. Bis zu fünf Top-Trader kann man als »Follower« abonnieren und ihre Signale auf einem Echtgeldkonto nachhandeln lassen.

Dazu wirbt ayondo noch mit einer »Risk Protection«, die vor allzu großen Verlusten schützen soll. Das erscheint auch dringend nötig, denn in den Rankings der zertifizierten Trader stechen viele vermeintliche Experten hervor, deren Kontostand gewaltig schwankt. 20, 50, ja 100 Prozent bergauf geht es dabei in einem Monat zum Teil. Leider sind auch entsprechende Gegenbewegungen in Abwärtsrichtung keine Seltenheit.

Mein Ziel ist es aber nicht, mich an einen der Signalgeber anzuhängen. Auch wenn es verlockend erscheint, seinen Kontostand in einem Monat zu verdoppeln. Ich will mir die Tradingwelt aus der anderen Perspektive anschauen und selbst »Top-Trader« werden! Die Anforderungen erscheinen mir nicht allzu hoch: Während einer dreimonatigen Zertifizierungsphase muss eine moderate positive Performance von einem Prozent verbucht werden. Dabei darf der maximale Verlust (Drawdown) während der gesamten Zeitspanne nicht höher als 25 Prozent sein. Schwieriger zu erreichen erscheint mir da schon die Anzahl der Trades, die ein künftiger Top-Trader abwickeln muss: 100-mal Kaufen und Verkaufen in drei Monaten! Zum Glück reichen auch alternativ zwei Trades pro Woche oder zehn Transaktionen im Monat.

Keine Nerven für Daytrading

Vor dem Handelsstart steht erst einmal der Aufbau der eigenen Handelsstrategie. Ich will ein einfaches Trendfolgesystem nutzen, das nach klar festgelegten Regeln kauft und verkauft. Da ich weder über die Zeit und noch die Nerven zum Daytrading verfüge, wird immer am späten Nachmittag entschieden, ob ich »long« oder »short« gehe, also auf steigende oder fallende Kurse setze oder einfach dem Markt fernbleibe. Die Signale zum Handeln geben einige technische Indikatoren vor.

Obwohl ich auf ayondo nicht mit echtem Geld handle, soll sich das Risiko meines Demokontos in Grenzen halten – ich will schließlich nicht zocken, sondern eine einigermaßen stetige Performance erreichen. Gleich mehrere Sicherungen sollen dabei helfen: Erstens die Streuung. Die Basiswerte, in die investiert wird, kommen aus unterschiedlichen Anlageklassen. Je zwei Aktienindizes, zwei Rohstoffe und zwei Währungspaare bilden das »Anlageuniversum«. Dahinter steht die Hoffnung, dass ich immer irgendwelche Trends nutzen kann. Läuft der Dax seitwärts, gibt es vielleicht Bewegung im Euro-Dollar-Kurs. Oder die nächste Goldhausse sorgt für Gewinne. Der Trendfolge-Trader fürchtet vor allem eines: die Seitwärtsbewegung, in der ständig Fehlsignale erzeugt werden, die zu Verlusten führen.

Die zweite Sicherung ist die Positionsgröße: Pro Trade soll nicht mehr als ein Prozent der Margin eingesetzt werden. Im ayondo-Demokonto sind dies also 1.000 Euro der zur Verfügung stehenden 100.000 virtuellen Euro.

Stops als Rettungsanker

Die dritte Sicherheitsmaßnahme soll sich bald als die wichtigste erweisen: der Stop. Bei Verlusten von maximal zwei bis drei Prozent des Handelsvermögens wird die Reißleine gezogen. Der Stop bleibt aber nicht drei Prozent unter dem Einstiegskurs, sondern er wird »nachgezogen«. In etwa so: Bei einem Einstieg in den Dax 30 bei 8.000 Punkten mit zehn Kontrakten liegt der Stopkurs bei 7.800 (200 Punkte mal 10 = 2.000 Euro, was zwei Prozent des Gesamtvermögens entspricht). Bei einem Anstieg auf 8.200 Punkte würde der Stop damit auf 8.000 Punkte, also den Einstiegskurs, angehoben.

Die Software von ayondo hat einen Teil dieser Sicherungsmaßnahmen in ihren »Spielregeln« bereits eingebaut. So dürfen pro Trade zum Beispiel nie mehr als zwei Prozent der Margin, also des bestehenden Kontowertes, riskiert werden. Pro Basiswert dürfen außerdem nur fünf Prozent des verfügbaren Kapitals eingesetzt werden. Die Eingabemaske in der Tradingplattform lässt Transaktionen nicht zu, die gegen diese Vorgabe verstoßen. Darüber hinaus muss ein Stopkurs bereits vor der Freigabe des Trades definiert werden. Der Trader erhält bereits während der Ordereingabe eine Information über das »Risiko pro Trade« (RpT).

Kurz nach Weihnachten 2011 ist es so weit. Ich starte meine Zertifizierung per Mausklick und platziere die beiden ersten Trades. Die werden bereits kurz danach mit Verlusten geschlossen. Denn WTI-Öl bildet nicht wie erhofft einen Aufwärtstrend aus, sondern kippt kurz nach dem Einstieg bei 101,17 Dollar wieder unter die 100-Dollar-Marke je Barrel. Verlust: 1.200 Euro.

Einen kleineren Minus-Betrag gibt es noch, weil die Euro-Dollar-Position ebenfalls in die falsche Richtung läuft. Dafür tut mir der Goldpreis aber den Gefallen, wie erhofft weiter zu sinken. Einstieg short bei 1.590 Dollar je Feinunze, und die Notierungen sinken erdrutschartig weiter. Ausstieg zunächst bei 1.570 Dollar, die zweite Hälfte verkaufe ich bei 1.531 Dollar. Gewinn rund 3.600 Euro. Damit kann ich den Monat Dezember schon einmal mit einem Plus von knapp zwei Prozent abschließen, das macht sich sicher gut im Track Record bei ayondo, denke ich.

Follower: Fehlanzeige

Im Kreis der ayondo-Trader, die sich mit mir in der Zertifizierung befinden, macht das allerdings kaum Eindruck. Um hier in die vorderen Ränge des Rankings zu gelangen, muss man monatlich zweistellige Gewinne produzieren. Schon bevor die Bewährungsphase abgeschlossen ist, haben die besten Performer unter den »ayondo-Signalgebern auf Probe« die ersten Follower angelockt. Für mein Profil interessiert sich einstweilen niemand.

Das kann man angesichts meiner Kontoentwicklung auch niemandem verdenken. Im Januar 2012 sinkt der Wert langsam, aber sicher wieder unter sein Ausgangsniveau. Alle Märkte, scheint es, sind in einer Konsolidierungsphase gefangen. Die Fehlsignale des Systems gehen in Serie. Mitte Januar liege ich fünf Prozent im Minus – Zertifizierung ade?

Auf Regen folgt zum Glück auch an der Börse wieder Sonnenschein. Der Dax beginnt eine stetige Klettertour, Gold steigt auch wieder gleichmäßig, und der Euro nimmt seinen langen Anlauf gegenüber dem japanischen Yen, der rund ein Jahr anhalten soll.

Ganz entgegen meiner ursprünglichen Absicht betreibe ich inzwischen »Depotkosmetik«. Trades, die klar in die Gewinnzone gelaufen sind, stelle ich dann und wann glatt, auch wenn das Handelssystem einen Ausstieg noch gar nicht signalisiert. So sieht die Monatsstatistik eben besser aus, und die Schwankungen im Handelskonto werden kleiner.

Nachdem auch die Monate Januar und Februar mit Gewinnen zwischen zwei und drei Prozent beendet sind, heißt es jetzt erst mal: Füße stillhalten. Ich gehe nur noch kleine Trades ein, um die Mindestzahl der Transaktionen zu erreichen. Das Risiko wird gegen null reduziert. Denn Ende März winkt die Zertifizierung, und ich will nicht zur Unzeit in einen Drawdown geraten.

Katastrophenmonat April

Und das Glück bleibt mir hold: Im März reicht ein erfolgreicher Euro-Dollar-Trade, um den Monat in der Pluszone zu halten. Die Zertifizierung ist geschafft – und spätestens jetzt entfaltet ayondo sein ganzes Suchtpotenzial: Auf welcher Position in der Rangliste der insgesamt rund 150 Trader befinde ich mich? Wie viele Prozentpunkte Gewinn fehlen mir, um unter die ersten 100 oder 50 Plätze zu kommen? Jetzt, da ich »Top-Trader« bin, will ich natürlich wieder mit Gewinnen auf mich aufmerksam machen.

Dummerweise entwickelt sich ausgerechnet der Monat April katastrophal: Dax und Dow pendeln wie Jo-Jos auf und ab. Das hektische Zucken des Goldpreises ohne Landgewinn sorgt für Verdruss: Eine Rekordserie von zehn Verlusttrades verbrennt all meine Gewinne und taucht das Konto erneut in die Minuszone. Im Ranking der Top-Trader rangiere ich unter ferner liefen.

Doch vielleicht ist gerade dies der heilsame Schock, den mein Trader-Dasein gebraucht hat. In den folgenden Monaten führe ich die Signale meines kleinen Systems nämlich kompromisslos aus und mache mir nichts mehr aus Verlusten. Endlich werden die Gewinntrades richtig »ausgefahren«, die beweglichen Stops schützen die Positionen recht wirkungsvoll vor Rückgängen.

Im Ranking wird meine Karriere durch einen kleinen Aufstieg angeschoben, irgendwann im Mai stoße ich in der Jahresübersicht auf Seite zwei der Ergebnisliste vor, wo sich die 50 Trader mit der besten Performance tummeln. Dazu reichen in der Ein-Jahres-Übersicht zu diesem Zeitpunkt bereits wenig mehr als zehn Prozent Wertentwicklung aus.

Ganz zufrieden stellt mich der Blick auf die Trader nicht, die vor mir rangieren. Nur wenige von ihnen schaffen es weiterhin, die eigentlich geforderten 25 Prozent maximalen Rückgang nach ihrer Zertifizierung beizubehalten. Die gewaltigen Steigerungen in ihren Traderkonten sind nun einmal nur über den Preis eines hohen Risikos möglich. Das zeigen viele Trader-Karrieren, die mit einer Verdopplung binnen weniger Monate beginnen und dann mit einem jähen Absturz enden. Fatalerweise ziehen die Hochrisiko-Trader immer noch die meisten Follower an. ayondo versieht ihr Profil zwar mit einem Warnschild, aber die Follower, bei einigen Tradern Hunderte an der Zahl, schreckt das offenbar wenig ab.

Geld für Handelssignale!

Erst im Sommer 2012 nehmen mich einige Follower auf ihre Watchlist. Nachdem ich noch einen guten August und September unter Dach und Fach bringen kann, ist es Anfang Oktober so weit, rund ein halbes Jahr nach meiner Zertifizierung: Ein mir völlig unbekannter Mensch setzt echtes Geld auf meine Handelssignale! Es sind zwar nur zwei Mircolots, also ein Gegenwert von 2.000 Euro, die wahrscheinlich ohne den Hebel nur einen Einsatz von 200 oder sogar nur 20 Euro bedeuten, ich bin dennoch gerührt.

Zum Glück landen beide Trades, jeweils Short-Positionen in Euro-Dollar und Euro-Yen, im Gewinn. Für mich als stolzen Provider von Handelssignalen bedeutet das eine Provision von jeweils sechs US-Cents, die bei ayondo in Sekundenschnelle im Menüpunkt »Abrechnung« erscheint. Bis zum Ende des Monats liege ich nach weiteren drei Gewinntrades und einer Transaktion mit Verlust bei knapp einem halben US-Dollar Verdienst.

Inzwischen verstehe ich die »Zocker« besser, die mit enormen Risiken und hohen Einsätzen große Handelsvolumina erzeugen. Nur mit Hunderten von Trades monatlich und einer vierstelligen Anzahl von Anhängern kann man wirklich Geld auf ayondo verdienen, so scheint es. Mir dagegen folgt weiterhin wohl nur der eine treue Anhänger mit seinem realen Konto, ein weiteres Dutzend Nutzer haben mich nur auf ihrer Watchlist.

ayondo entpuppt sich derweil als lernendes soziales System. Die Macher wollen offenbar nicht auf lange Sicht eine Plattform für Hochrisiko-Trader sein. Auf der Anlegermesse »World of Trading« kündigen sie im November 2012 einen weiteren Relaunch an. Bei ayondo 3.0 spielen Risikomaße eine größere Rolle. Trader müssen auch nach ihrer Zertifizierung ihre Verluste in Grenzen halten, genau wie ihre Schwankungen im Anlegerkonto (Volatilität).

Jahresendrallye, mal wieder verpasst

Gut für Trader wie mich, die eher auf risikoarme Rendite aus sind als auf das schnelle Geld. Ich fahre mein Risiko zum Ende des Jahres sogar noch weiter zurück. Schließlich soll das »Geschäftsjahr« ohne Kratzer im Chart abgeschlossen werden. Trotz eines holprigen Monats November, in dem sowohl auf der Aktien- als auch auf der Rohstoffseite der Markt auf der Stelle tritt, schaffe ich ein kleines Plus im vorletzten Monat des Jahres – und auch im letzten: Ein Gewinntrade im Dow-Jones-Index Anfang Dezember, und ich kann die »Bücher schließen«. Zwar verpasse ich danach die schönste Jahresendrallye seit Jahren. Aber das Gefühl, 20 Prozent Wertzuwachs in einem Jahr mit einer recht geringen Vola von vier Prozent erreicht zu haben, entschädigt dafür.

In dem Jahr seit meinem Start auf der Plattform sind viele Top-Trader gekommen und auch wieder verschwunden. Nur eine Handvoll Signalgeber hat überhaupt über einen Zeitraum von zwölf Monaten durchgehalten. Davon hat es wiederum nur ein Bruchteil geschafft, dabei die Kriterien der Zertifizierung einzuhalten.

Wie es der Mehrzahl der Signalnehmer dabei ergangen ist, darüber kann man nur mutmaßen. In den Internet-Boards wie Wallstreet-Online, wo ich während des Tradingexperiments häufig nach Erfahrungsberichten suche, räumen einzelne Teilnehmer der Gemeinde deutliche Verluste ein. Erfolgsgeschichten, die eine längere Halbwertszeit haben, sind schwerer zu finden.

Wer sind die »anderen«?

Aus der Perspektive des mehr oder minder erfolgreichen Traders bleiben neben der Vergütungssituation noch andere Wünsche an die Plattform offen. Ich möchte mit den Nutzern kommunizieren können, etwas über die anderen Trader erfahren. Wie sieht die Erwartungshaltung der Signalnehmer aus, wie ihr Risikoprofil? Welche Strategien nutzen diese Signalgeber, woraus besteht ihr Anlageuniversum, und mit welcher Renditeerwartung gehen sie ins Rennen? Das dürfte wohl die meisten potenziellen Follower noch mehr interessieren als mich. ayondo ist und bleibt eine Plattform mit hoher Attraktivität, die Berechnung von Risikomaßen und die Ranking-Übersichten sind echte »Klickmaschinen« für viele Nutzer. »Community-Feeling« kommt gleichwohl noch nicht auf.

Mein Tradingexperiment in eigener Sache geht 2013 weiter, während ayondo die Beta-Version seiner Auflage 3.0 an den Start bringt. Trader mit geringem Risiko und konstanter Rendite bekommen jetzt das Etikett »Institutional« und werden buchstäblich in den »Trader-Olymp« (Werbetext ayondo) gehoben. Na, wenn das keine gute Nachricht ist!

3.4 eToro: Social Trading als Marktplatz

eToro nimmt den Börsenbullen bei den Hörnern. Um im Finanzmarkt zu den Gewinnern zu gehören, braucht man: eine Mitgliedschaft bei eToro, die richtigen »Social Gurus« und ein bisschen Geduld, bis die Gewinne auf das eigene Konto sprudeln. So funktioniert die Logik bei einer der erfolgreichsten Social-Trading-Plattformen.

Massiv sind die Verlockungen, mit denen eToro um Mitglieder wirbt. Zum Beispiel über Internet-Anzeigen, in denen ein »zweites Einkommen« in Aussicht gestellt wird. Oder durch die Dollar-Beträge, die auf den Profilen der Signalgeber prangen: So viel hat der »Social Guru« schon durch eToro verdient!

Für Neuankömmlinge in der Gemeinschaft wird ein 20-Dollar-Bonus ausgelobt, wer Freunde wirbt, kann 100 Dollar verdienen. Seit einiger Zeit wirbt die Plattform auch in deutscher Sprache, besser lesbar ist allerdings noch die englischsprachige Version.

eToro will gleichzeitig Facebook und Twitter für börsenaffine Internet-Nutzer sein. Im »Open Book« rauscht ein Strom von Statusmeldungen über den Bildschirm. Aktuelle Transaktionen in den vielen Tausend Konten, lobende oder kritische Kommentare zu Tradern, Wasserstandsmeldungen über Follower und »Copier«-Zahlen. Mit Letzteren sind die Signalnehmer gemeint, die mit ihrem echten Geld auf die Börsengeschäfte der »Gurus« setzen.

Im nach eigenen Angaben erfolgreichsten Social-Trading-Netzwerk der Welt gibt es laut dem Unternehmen rund 2,9 Millionen Nutzer in 140 Ländern, 180.000 davon kommen aus Deutschland. Einer der ältesten Social-Trading-Anbieter ist eToro gewiss, denn bereits 2007 wurde es von Jonathan »Yoni« Assia gegründet. eToro Ltd., unter dessen Unternehmensdach die Handelsplattform arbeitet, ist in Zypern angesiedelt. Über Partnerschaften und Filialen können Anleger fast weltweit die Dienste von eToro nutzen. Reguliert ist das Unternehmen durch die Börsenaufsicht Zyperns, die CySec. In Deutschland ist das Unternehmen seit 2010 bei der deutschen Börsenaufsicht BaFin (Bundesanstalt für Finanzdienstleistungsaufsicht) registriert. Schon seit 2008 gibt es eine deutschsprachige Seite.

Eine Besonderheit ist der direkte Handelszugang über den eigenen Broker. Bei eToro können Forex-Geschäfte abgewickelt werden, aber auch über CFDs auf ausgewählte Aktien aus dem Hightech-Bereich sechs Indizes, drei Rohstoffe und rund ein Dutzend Währungspaare gehandelt werden.

Technisch ist eToro up to date. Gehandelt, gepostet und kommentiert werden kann via Smartphone und Tablet-PC auf allen gängigen Betriebssystemen. Einzahlungen können über eine Reihe von Kanälen von PayPal über die Kreditkarte bis zur Sofortüberweisung vorgenommen werden.

Für Anleger gibt es zwei verschiedene Kontotypen. Das reguläre Konto, bei dem schon ab 50 Dollar Einzahlung das Social Trading beginnen kann. Das Premium-Konto erfordert einen Kontostand von mindestens 20.000 Dollar. Dafür erhält der Kunde neben einem persönlichen Ansprechpartner auch eine Reihe von Auswertungsmöglichkeiten für sein Portfolio und nicht zuletzt eine eigene Mastercard mit »Express-Auszahlung«.

Fünf Gurus im Konto

Schon beim Anmeldeprozess kann der Kunde sein eToro-Depot mit seinen sozialen Netzwerken verknüpfen. Der Konto-Eröffnungsprozess kann mit dem eigenen Facebook- oder Twitter-Konto vollzogen werden. Wer will, teilt anschließend über diese Netzwerke seine eToro-Aktivitäten dem eigenen Netzwerk mit.

Mit einer Demokonto-Funktion kann der Neueinsteiger das Kopieren von Handelssignalen einmal ausprobieren. Im Echtkonto kann er einem einzigen Trader oder auch einer ganzen Auswahl von Social Gurus folgen und ihre Transaktionen in seinem Konto spiegeln. Bei eToro kann einem Guru maximal ein Fünftel eines Kontos zugeteilt werden. Dies ist gleichzeitig die wichtigste Sicherung, die der Betreiber für die »Kopierer« eingezogen hat. Die Trades werden proportional auf die eigene Kontogröße angepasst.

Die Social Gurus müssen bei eToro stets ein Echtgeldkonto nutzen. Die Signalanbieter werden gestaffelt nach der Zahl ihrer Follower vergütet. Ab zehn Anhängern werden 100 Dollar monatlich Bonus ins eigene Depot eingebucht. Spitzenverdiener mit mehr als 1.000 Copiers erhalten

10.000 Dollar Bonus. Allerdings entfallen die Gutschriften nur auf Anhänger, die mit mindestens 100 Dollar dem Guru-Depot folgen.

Eine zweite Vorbedingung müssen sie in Kauf nehmen. Denn nur 20 Prozent der Bonifikation zahlt eToro direkt aus, der Rest füllt nur das Handelskonto des Signalgebers auf. Gewinne, die damit erzielt werden, können allerdings abgehoben werden. Auszahlungen von Bonuszahlungen durch Follower sind zudem nur möglich, wenn der Guru in mindestens drei aufeinanderfolgenden Monaten Bonuseingänge erzielt hat und die Mindestmenge von zehn Followern mit dem Mindestbetrag vorweisen kann.

Der Social Guru muss auf eToro auch seine soziale Kompetenz unter Beweis stellen. Fünf Kommentare zu seinem Trading pro Woche oder 20 pro Monat muss er abgeben, um seinen Status zu erhalten. Daneben sind zehn Trades im Monat und der »verantwortungsvolle« Umgang mit dem eigenen Depot erforderlich. Risikoparameter spielen dabei eine untergeordnete Rolle. Maximal 20 Prozent des gesamten Kontos dürfen auf einen Trade gesetzt werden.

Tausende von Kopierern

Für Anleger bieten die Rankings der Trader eine schier unübersehbare Auswahl an. Die Signalanbieter können nach verschiedenen Risikoparametern wie dem Drawdown, der durchschnittlichen Positionsgröße oder dem eingesetzten Hebel vorgefiltert werden. Auch die Zahl der Follower, die den »Social Gurus« ihr Geld anvertrauen, ist ein Auswahlkriterium.

Natürlich ist der erzielte Gewinn ein schlagendes Argument für viele Investoren, die den Erfolg auch im eigenen Depot spiegeln wollen. Etwa einhundert Trader haben laut den Rankings ihren Einsatz in den vergangenen zwölf Monaten verdoppeln können, mit ganz unterschiedlichen Strategien. Zumeist wird der Erfolg mit hohen Schwankungen, enormen Positionsgrößen pro Trade und heftigen Einbrüchen im Verlauf bezahlt.

Solche Schwankungen hat etwa der Guru »Malsolo« hinter sich. Innerhalb des vergangenen Jahres schwankte sein Depot zwischen plus 25 und minus 30 Prozent wild auf und ab. Malsolo gehört dennoch mit rund 8.000 »Copiers« zu den größten Attraktionen auf eToro. So viele Anleger folgen dem »Meister« mit Echtgeldkonten. Die Zahl der Beobachter, die den Trader auf ihrer Watchlist führen, liegt sogar noch zehn Mal höher.

Der Ruhm von Malsolo, der nach eigenen Angaben seit vier Jahren semiprofessionell handelt und dabei vor allem Candle-Stick-Mustern folgt, verblasst langsam. Die gewaltigen Steigerungen seines Kontos in den vergangenen Jahren zeigt die Statistik schon gar nicht mehr an. Denn mehr Handelshistorie als ein Jahr stellt eToro in seiner Auswertung nicht zur Verfügung. Aus den letzten zwölf Monaten hat Malsolo nur noch gut fünf Prozent Gewinn retten können.

Der Mitte 2013 beliebteste Trader mit dem Pseudonym Caraj51 kommt aus Indien und hat binnen eines Jahres seinen Kontostand vervierfacht. Dabei versucht der Guru, sein Risiko zu begrenzen und laut Strategiebeschreibung nie mehr als fünf bis sechs Prozent seines Kapitals einzusetzen. Caraj51 ist auf den Handel mit vier Devisenpaaren spezialisiert. Sorgen macht dem Beobachter allein die Quote der mit Gewinn geschlossenen Trades: Sie liegt bei über 99 Prozent! Ein untrügliches Zeichen dafür, dass Caraj51 gerne auch ein bisschen länger wartet, bis er Positionen schließt. Eine beliebte Methode bei eToro.

Per Mausklick angedockt

Für Follower ist es kinderleicht, den Social Gurus auf eToro zu folgen. Per Mausklick kann der Wunschpartner ausgewählt werden, danach wird ihm ein Teil der Mittel, maximal 20 Prozent, zugewiesen. Auf Wunsch werden nach einem weiteren Mausklick alle offenen Positionen nachgekauft. All das geschieht proportional zum eingesetzten Kapital. Setzt der Trader also zwei Prozent seiner Mittel für einen Dax-Kontrakt ein, dann wird derselbe Anteil im Konto des Verfolgers in den Deutschen Aktienindex investiert. Der Mindestbetrag, der auf einen Trader entfallen muss, liegt bei nur 50 Dollar.

Als Signalnehmer kann man neben dem vollautomatischen Kopieren von Käufen und Verkäufen der Gurus parallel eigene Trades durchführen und sogar gleichzeitig eigene Follower anwerben. Viele der Top-Trader sind Gurus und Follower zugleich. Eine Vielzahl solcher »Copier«- und »Follower«-Varianten finden sich auf der Plattform. Bei der Auswahl eines geeigneten Traders, dem man mit eigenem Geld folgen will, wirkt dies verwirrend.

In die Welt von eToro kann man als Neuling mit einem Demokonto eintauchen. Damit können die Funktionen des »Open Book«, der Handelsumgebung, ausgiebig getestet werden.

eToro beansprucht, das »Facebook« unter den Social-Trading-Plattformen zu sein. Dabei geht das Portal zielstrebig vor: Auf den Profilen aller Trader blinken Nachrichten der Follower, Informationen über gerade selbst ausgeführte oder kopierte Trades, Werbebotschaften, über die Bonuszahlungen auf das Konto angepriesen werden, und Aufforderungen anderer Trader: »Follow me!«

Geschäftsmodell

eToro verdient am Spread beim Handel mit den verschiedenen Produkten. Die Spanne bei Währungspaaren wie Euro/Dollar liegt bei drei Pips, ebenso wie beim Dax-CFD. Dies entspricht in etwa den Spannen, die auch bei anderen Social-Trading-Anbietern anzutreffen sind. Bei eToro müssen zudem gesonderte Gebühren für CFDs auf Aktien (0,1 Prozent des Ausführungspreises) gezahlt werden. Positionen, die über das Wochenende gehalten werden, schlagen mit ein bis zwei Dollar pro Mini-Lot zu Buche. Diese Maßeinheit entspricht einem Handelswert von 10.000 Dollar bei einem Devisengeschäft. Bei einem 100-fachen Hebel müssen allerdings nur 100 Euro eingesetzt werden, um dieses Volumen zu bewegen.

Für Nutzer fallen bei Abbuchungen vom Konto Gebühren an. Wer etwa 500 Dollar oder mehr von seinem eToro-Konto zurückbucht, wird mit einer Gebühr von 25 Dollar belastet. Außerdem müssen für Auszahlungen mehrere Dokumente wie eine Reisepasskopie und eine Rechnung, aus der die Adresse hervorgeht, vorliegen. Und der Transfer nimmt fünf Arbeitstage in Anspruch.

Alle Bonuszahlungen sind schließlich in erster Linie als Lockangebote zum Traden zu verstehen. Ein Startbonus oder eine Gutschrift für eine Freundschaftswerbung erhöht nur den Kontostand. An ein Abbuchen der Gutschrift ist nicht gedacht.

Bewertung

eToro kann als klarer Gegenentwurf zu anderen Pionieren des Social Tradings wie Covestor oder Currensee gelten. Statt gezielt Profi-Trader mit strikten Auflagen an Strategie und Risiko anzuwerben, sieht sich das Unternehmen als Mittelpunkt einer weltweiten Trading-Community. Vor allem Hobby-Trader tummeln sich hier und versuchen, mit oft wenig ausgefeilten Strategien, die Rankings zu stürmen. Die Anforderungen an das Risiko- oder Moneymanagement sind niedrig. Entsprechend kurzlebig sind viele der angebotenen Strategien, ein längerer Track Record ist ohnehin nicht einsehbar, weil die Historien der Trader nicht länger als ein Jahr zurückreichen. Dies will das Unternehmen nach eigener Aussage aber ändern und eine erheblich längere Historie der Transaktionen bereitstellen.

Die Plattform liefert bei der Auswahl von Tradern eine Reihe von eher schlicht gehalten Filtern. Auf Kennziffern wie Sharpe Ratio oder Value at Risk (VaR) wurde ganz verzichtet.

Trotz der hohen Anforderung an die Social Gurus in Sachen Kommunikation bleiben die Signalanbieter für Interessenten eher nebulös. Sachdienliche Kommentare zur eigenen Strategie oder zu einzelnen Transaktionen sind eher die Ausnahme. Das Auffinden von Tradern, die langfristige Erfolge auf Basis einer stimmigen Strategie erzielen, wird dadurch erheblich erschwert.

eToro bietet eine Fülle von Informationen in Text und Videoform an, die das Verständnis der Nutzer für die Finanzmärkte und das Trading verbessern sollen. In einer »Etoropedia« werden einzelne Strategien vorgestellt, mit denen Tradingnovizen durch das Nutzen charttechnischer Indikatoren schnell Erfolge erzielen sollen. Themen wie das richtige Setzen von Stops gegen Verluste oder die richtige Größe für eine Handelsposition spielen eine Rolle.

Vor allem will eToro mit den Hilfestellungen die eigene Handelsplattform ankurbeln. Bonuszahlungen auf das Konto werden überall angeboten, über Freundschaftswerbung sollen weitere Neukunden gewonnen werden.

Der Erfolg von eToro in den vergangenen Jahren zeigt, dass die Marketingstrategie aufgegangen ist. Das Unternehmen spricht offenbar die Emotionen vieler Nutzer geschickt an. Wenn Geld verdienen an der Börse so einfach ist, warum es nicht einmal probieren? Vor allem ein jüngeres Publikum, das gewohnt ist, sich über soziale Netzwerke zu verbinden, dürfte sich bei eToro gut aufgehoben fühlen. Der eigene Facebook-Account kann direkt angeschlossen werden, Freunde können live mitfiebern, wenn am Aktien- oder Devisenmarkt »gezockt« wird.

Für Profi-Trader als Signalanbieter könnte nicht nur das Dauerrauschen der Tweets und Werbebotschaften abschreckend wirken. Auch die fehlende echte Zertifizierung und vor allem die Vergütungsregelung, bei der nur ein kleiner Teil der erzielten Honorare überhaupt wieder vom Konto abgezogen werden darf, sind für sie ein Malus.

Wer sich indes mit kleineren Beträgen einmal ins Getümmel des Copy-Tradings stürzen will und den Austausch in einer globalen Community sucht, könnte sich bei eToro pudelwohl fühlen.

Checkliste eToro

> Demokonto nutzen

Ein hilfreicher Einstieg ins Copy-Trading bei eToro ist der Demozugang, der auch das Anlegen eines kleinen Portfolios aus Tradern erlaubt. Das Look-and-Feel der Handelsoberfläche kann dabei gleich getestet werden.

> Traderauswahl

Wer riskante Strategien mit vielleicht kurzer Lebensdauer, aber schnellen Gewinnmöglichkeiten sucht, kann bei eToro auf seine Kosten kommen, aber ebenso schnell heftige Verluste einfahren. Weniger wagemutige Follower sollten den Risikofilter schon bei der Vorauswahl auf »niedrig« stellen. Trader mit einer stetigen Wertentwicklung, geringen Positionsgrößen und niedrigen Schwankungen im Verlauf mehrerer Monate sollten bevorzugt werden. Obwohl die Strategiebeschreibung bei eToro wenig detailliert ist, gibt sie doch erste Hinweise auf den Tradingstil des »Gurus«.

> Achtung vor hohen Trefferquoten

Sieht gut aus, ist aber meist gefährlich. Trader, die 99 Prozent ihrer Trades mit Gewinn schließen, sind nicht selten auf eToro. Ihr Geheimnis liegt in einer hohen Zahl offener Trades, die zumeist mit drastischen Verlusten mitgeschleppt werden. Ein Klick auf die verfügbare Statistik der offenen Positionen macht das Ausmaß der hier schlummernden Verluste schnell klar.

> Risikoeinstellungen nutzen

Die Obergrenze an einem Kapital, das einem einzelnen Trader zugeordnet werden kann, liegt bei 20 Prozent. Zum Einstieg sollte man sogar noch weniger Mittel einem Signalgeber zubuchen. Bewährt sich dieser über einen längeren Zeitraum, kann der Spielraum immer noch erweitert werden

> Portfoliorisiko streuen

Wer mehrere Trader gefunden hat, die einen Einstieg lohnen, kann das Risiko durch die Auswahl dieser Signalgeber verringern. Fünf Mal eine ähnliche Strategie zu kopieren, ist da weniger ratsam. Lieber unterschiedliche Ansätze kombinieren, die zum Beispiel in verschiedenen Märkten (Aktienmarkt, Devisenmarkt, Rohstoffbereich) agieren.

> Kommunikationsmöglichkeiten nutzen

Wenn Fragen an den Trader offen bleiben, bietet eToro die Möglichkeit, sie direkt per Nachricht offen an den Trader und gleich die ganze Gemeinde anzusprechen. Bleibt eine Reaktion aus, ist Vorsicht geboten.

> Controlling

Trades automatisch ausführen zu lassen, ist eine spannende Sache. Follower sollten regelmäßig kontrollieren, ob die Transaktionen möglichst genau im eigenen Handelskonto gespiegelt wurden. »Slippage«, also die Diskrepanz zwischen dem Trade des Gurus und der gespiegelten Transaktion, könnte die Rendite negativ beeinflussen.

3.5 ZuluTrade: Globales Millionenspiel

Kama-spot ist im Frühjahr 2013 der Held von ZuluTrade. Der Trader, der sein Profil mit dem Foto von drei gelben Würfeln schmückt, kommt laut eigener Angabe aus Russland, und er entzückt Anhänger aus der ganzen Welt. Seit rund einem halben Jahr bietet er sein System auf der Plattform an, und die Erfolge sind atemberaubend. Die Trefferquote seiner Trades liegt bei knapp 95 Prozent. Mehr als 5.000 Pips Gewinn, also die kleinste Einheit bei einer Transaktion im Devisenmarkt, hat er für sich und seine Anhänger von November 2012 bis April 2013 aufgetürmt. Dabei ist sein Kontostand nie um mehr als zehn Prozent gesunken, der Erfolgschart zeigt steil nach oben. ZuluTrade rechnet eine Performance von knapp 1.123 Prozent für Kama-spot aus.

Atemberaubend auch der Erfolg bei der Anhängergemeinde der Plattform: Mehr als 11.000 Follower haben den Trader auf ihrer Watchlist, und knapp 4.000 von ihnen lassen die Transaktionen der Nummer eins auf ihr Konto spiegeln. Die Summe des investierten Kapitals schwankt um 20 Millionen Dollar.

Seine Strategiebeschreibung hat der Top-Trader offenbar in Russisch verfasst, sein Profil ziert ein Text in kyrillischer Schrift. Nach einer automatisierten Übersetzung kann man in Englisch und Deutsch etwas von technischer Analyse lesen, von verschiedenen Indikatoren und Zeitintervallen.

Im angeschlossenen Kommentarbereich geben die Anhänger und Beobachter von Kama-spot ihren Gefühlen Ausdruck, die stark mit den Erfolgen ihres Tradinggurus schwanken. »Sei vorsichtig!«, heißt es dort, wenn der eine oder andere Trade danebengeht. Oder: »Achtung, Kama-spot hat kürzlich sein Verhalten geändert und war eine Woche lang nicht erreichbar, ohne Begründung!« Kritische Zeitgenossen halten seine Strategie für »absolut falsch. Du hast bisher bloß Glück gehabt«.

Im Profilbereich von Kama-spot sind sogar die Gewinne und Verluste der angekoppelten Follower einsehbar, allerdings nur mit ihrer anonymen Kontonummer und ihrer Nationalität. Fünf von ihnen haben ihrem Guru Gewinne von mehr als 20.000 Dollar zu verdanken, ein Signalnehmer aus der Schweiz sogar knapp 50.000 Dollar.

Zwei Monate später sieht die Welt von Kama-spot schon wieder ganz anders aus: Von den 5.000 Pips Gewinn sind noch 3.000 geblieben. Es schlummern noch weitere 500 Pips Verlust in offenen Trades. Die Zahl der Follower liegt noch immer bei knapp 3.000, doch das investierte Kapital ist auf ein Viertel, 4,7 Millionen Dollar, abgeschmolzen.

Milliarden an Handelsvolumen

ZuluTrade kann ebenfalls als »Early Mover« des Social Tradings gelten. Das Unternehmen, das heute seinen Hauptsitz in New York hat, wurde vom griechischen Internet-Investor Leon Yohai bereits 2006 gegründet, und zwar mit der Motivation, »die Ratschläge einiger der besten und talentiertesten Händler weltweit in einen leicht ausführbaren Handel umzusetzen«. Die deutsche Übersetzung der Homepage radebricht noch ein wenig.

Bei Anhängern aus Deutschland erfreut sich ZuluTrade einer enormen Anhängerschaft. Knapp 700 Signalanbieter und mehr als 6.000 Verfolger weist eine Weltkarte mit der Mitgliederstatistik für Deutschland aus. Insgesamt sind nach Unternehmensangaben mehr als 70.000 »talentierte Händler« in 192 Ländern als Signalgeber aktiv. Das Transaktionsvolumen der Konten liegt bei mehr als 500 Milliarden Dollar jährlich. Dabei muss allerdings berücksichtigt werden, dass mit Hebeln von durchschnittlich 50 bis 100 gehandelt wird, die tatsächliche Summe auf den Konten, die bei ZuluTrade angeschlossen sind, dürfte damit um diesen Faktor geringer sein. ZuluTrade ist der National Futures Association (NFA) und der Commodity Futures Trading Commission (CFTC) in den USA angeschlossen.

ZuluTrade bietet nur den Handel von Devisenpaaren im Forex-Markt an. Das Unternehmen hat mit AAAFx einen eigenen Broker als wichtigsten Partner, unterstützt darüber hinaus eine große Anzahl von Partner-Brokern aus dem Forex- und CFD-Bereich. Die Anbindung von bestehenden Konten ist möglich, allerdings muss der Kontoinhaber seinen Broker dazu autorisieren, die Anbindung an ZuluTrade vorzunehmen.

Als Anleger kann man zunächst ein Demokonto nutzen, um die Funktionalität der Plattform zu testen. Auf dem Konto, das mit einem beliebigen Betrag bestückt und mit einem individuellen Hebel eingestellt wird, sind eigene Trades im Forex-Markt möglich und natürlich das Ankoppeln an einen oder mehrere Trader, die mit hohen Gewinnversprechen locken. Als Mindesteinlage empfiehlt ZuluTrade 500 Dollar für ein »Mini«-Konto.

Risikoeinstellungen zur Verlustbegrenzung

ZuluTrade bietet dabei auf seiner seit 2012 neu gestalteten Seite mehrere Sicherungen an, um dem Traderglück ein wenig nachzuhelfen. Für jeden Trader, dem man als Anleger folgt, können Risikoregeln definiert und jederzeit wieder verändert werden. So kann eine Kapitalschutzfunktion für die Mittel aktiviert werden, die auf den jeweiligen Trader entfallen. Überschreitet ein Signalgeber den eingestellten maximalen Verlust, werden seine Signale nicht mehr weitergeleitet. Einen Risikopuffer kann der Anleger auch für die einzelnen Trades angeben. Die Zahl der maximal offenen Positionen kann gleichfalls beschränkt werden.

Mit den Risikoeinstellungen hat ZuluTrade augenscheinlich versucht, Schwachpunkte des Systems in der Vergangenheit zu entschärfen. Eine Reihe von Tradern sorgte durch hohe Risiken und eine Vielzahl offener Positionen für Verdruss in vielen Anlegerkonten. Dabei wurden stets viele Positionen im gleichen Basiswert eröffnet und erst dann geschlossen, wenn sie im Plus landeten. Damit wurde die Trefferquote der geschlossenen Trades »geschönt«. Gelang dies nicht, entstanden kaum mehr kontrollierbare Verluste.

ZuluTrade »unterstützt« laut dem Handbuch für Signalgeber keine Handelsstrategien mehr, die auf diese Weise »annähernd 100 Prozent Trefferquote« aufweisen.

Für den Signalgeber gilt es, ein paar weitere einfache Spielregeln zu beachten. So darf er nicht mehr als 30 offene Trades in seinem Portfolio haben. Zudem »sollte« eine einzelne Position nicht mehr als 700 Pips in die Verlustzone rutschen.

Diese Verluste bei ZuluTrade tragen vor allem die Follower, da die Signalanbieter zum Großteil mit einem Demokonto arbeiten, ohne eigenes Kapital investieren zu müssen. Zur Aktivierung des Händlerkontos reicht eine kurze Strategiebeschreibung und die Identifikation per Kopie des Personalausweises oder Führerscheins, eine formale Zertifizierung erfolgt nicht.

Geschäftsmodell

Das Vergütungssystem für alle, die an ZuluTrade verdienen, basiert auf der Erweiterung der Spreads, die bei ZuluTrade-Konten der Follower automatisch vorgenommen wird. Die Differenz zwischen An- und Verkaufspreis gegenüber dem »echten« Devisenmarkt liegt um zwei oder sogar drei Cent höher. Wenn also im Euro-Dollar-Verhältnis eigentlich ein Kurs von 1,3112 zu 1,3113 Dollar je Euro gehandelt würde, stellt ZuluTrade über den verbundenen Broker einen Spread von 1,3111 zu 1,3114 Dollar je Euro.

Der Signalgeber erhält 0,5 Pips, also die Hälfte der kleinsten Einheit, als Vergütung je Lot (was einem Handelsvolumen von 100.000 Euro im Euro-Dollar-Verhältnis entspricht). Um ein Lot zu erzeugen, reicht aber ein Kapitaleinsatz von 1.000 Euro, wenn die Transaktion mit einem Hebel von 100 ausgeführt wurde.

ZuluTrade honoriert aber auch die sogenannten »Affiliates«. Damit sind private oder gewerbliche Betreiber von Internet-Seiten gemeint, die ZuluTrade bewerben und direkt auf die Plattform verlinken. Ihre Entlohnung von 0,4 Pips pro Lot ist kaum schlechter als die der Signalanbieter.

Die Provision fällt für jeden Trade durch Kunden an, die über einen Affiliate zu ZuluTrade gestoßen sind.

Den Rest der erhöhten Spread-Spanne teilen sich ZuluTrade und einer der vielen der Partner-Broker, die den Kunden zur Auswahl stehen.

Bewertung

ZuluTrade hat mit seiner Plattform die technischen Möglichkeiten und das Angebot der Vernetzung in den vergangenen Jahren weit vorangetrieben. Im neuen, modernen und aufgeräumten Layout kommt ZuluTrade für viele private Anleger attraktiv daher.

Technisch ist es dem Unternehmen gelungen, eine Vielzahl von externen Brokern mit hochentwickelter Tradingsoftware einzubinden. Follower wie Signalgeber können damit in ihrer gewohnten Software-Umgebung handeln, zum Beispiel mit dem Metatrader 4 (MT4). Sie können aber auch die Zulu-Software selbst nutzen. Apps für Smartphones und Tablet-PCs aller Betriebssysteme ermöglichen nahtloses mobiles Traden oder ein Überwachen des Tradingkontos.

Die Darstellungsmöglichkeiten für den Signalgeber und die Kommentarfunktionen für die Follower liefern gerade für Einsteiger wertvolle Hinweise bei der Bewertung von Strategien.

Bei so vielen Möglichkeiten und Tausenden von Signalgebern wird der Social-Trading-Interessent vor große Herausforderungen bei der Auswahl gestellt. Das gilt umso mehr, als es keine echte Bewährungsprobe für angehende Signalgeber gibt und die Einhaltung der eher vagen Richtlinien nicht strikt kontrolliert wird.

Die Tatsache, dass viele Signalanbieter nur mit virtuellen Konten ohne eigenes Risiko arbeiten, erschwert das Filtern ebenfalls, Sprachbarrieren sind bei einem so global agierenden Publikum ein weiteres potenzielles Hindernis.

Trotz des vergleichsweise hohen Alters der Plattform von sieben Jahren sind die Track Records der Top-Anbieter im Durchschnitt kaum länger als ein Jahr. Es besteht Grund zur Annahme, dass die Vergütungsstruktur bei ZuluTrade Strategien mit kürzerer Lebensdauer, aber hohen Transaktionszahlen und -volumina fördert.

Checkliste ZuluTrade

> Auswahl des Partner-Brokers

Am unkompliziertesten ist die Anbindung des eigenen Brokers AAAFx, der von der griechischen Börsenaufsicht reguliert wird. Die weiteren Forex- und CFD-Broker, die mit ZuluTrade kooperieren, sind zahlreich. Wer einen der Anbieter ins Auge gefasst hat, sollte die Konditionen überprüfen. Wie groß sind die Spreads beim Handel über ZuluTrade, welche Kosten entstehen bei Positionen, die über Nacht gehalten werden? Nicht zu vergessen: Wie stabil und zuverlässig werden Signale weitergeleitet?

> Traderauswahl

Das Angebot an Tradern ist auf ZuluTrade beinahe unerschöpflich. Eine nachvollziehbare Beschreibung der Strategie sollte Grundvoraussetzung für das Andocken des eigenen Kontos sein. Eine Tradinghistorie, die mindestens ein Jahr zurückreicht und keine allzu großen Drawdowns aufweist, sollte ebenfalls vorhanden sein, ist allerdings gar nicht so leicht zu finden.

> Tradingstil

Allzu hohe Trefferquoten, viele offene Positionen im Minus und geringe durchschnittliche Gewinne sprechen für ein hohes Risiko beim Signalgeber. Bei vielen kleinen Gewinnen von nur wenigen Pips pro Trade dürfte nur ein Teil der Erträge überhaupt beim Follower ankommen. Der »Slipping«-Effekt kann hier die Performance eintrüben. Der Anleger bekommt dann jeweils einen leicht schlechteren Preis als der Profi bei seinem Trade. ZuluTrade hat durchschnittliche »Schlupfraten« auf den Profilseiten der Trader für jeden angeschlossenen Broker ausgewiesen.

> Risikoeinstellungen

Die Möglichkeit, verschiedene Parameter für jeden einzelnen Trader einzurichten, ist hilfreich. Doch zu enge Stops bei Drawdowns können auch dazu führen, dass ein Trader vor einer nennenswerten Aufwärtsbewegung vom eigenen Konto ausgesperrt wird. Die Risikogrenzen sollten nicht zu eng gesetzt werden und sich an den bisherigen maximalen Verlusten orientieren. Wer misstrauisch gegenüber einem Signalanbieter ist, sollte ihn kurzerhand ganz abkoppeln.

> Kommunikation

ZuluTrade ist auf den Austausch der Community eingerichtet. Die Anhängerschaft hat feine Antennen dafür, wann ein Signalgeber gegen die eigenen Regeln verstößt und zum Beispiel das Risiko erhöht oder verzweifelt versucht, aus Verlustphasen herauszukommen. Ein enges Überwachen der Kommentare der Follower und des Traders selbst kann vor bösen Überraschungen schützen.

3.6 United Signals: Experten, handverlesen

Erst seit Mitte 2012 ist der Frankfurter Anbieter am Markt, dessen Plattform auf einem klaren Ansatz mit einem überschaubaren Regelwerk basiert. United Signals spricht ausdrücklich Tradingprofis mit langjähriger Erfahrung an, die mit Echtgeldkonten ihre Strategien vorexerzieren müssen, um Anhänger zu finden.

Nach einem Jahr Bestehen konnte United Signals mit rund einem Dutzend Trader eine überschaubare Anzahl von Strategien präsentieren. Mitglieder des Managements von United Signals, wie der ehemalige Investmentbanker Peter Beyer, gehören ebenfalls zu den Anbietern.

Den Zertifizierungsprozess können prinzipiell auch Amateur-Trader durchlaufen, die ihre Strategie präsentieren wollen. Damit die Trader ihre Dienste überhaupt auf United Signals anbieten können, muss ein 100-tägiger Zertifizierungsprozess durchlaufen werden. Dabei darf ein maximaler Verlust von höchstens 30 Prozent entstehen, zudem sind die Positionsgrößen für die einzelnen Trades beschränkt. Im Devisenmarkt dürfen etwa maximal zwei Prozent des Depotwertes für eine Position eingesetzt werden. Insgesamt darf das Risiko niemals mehr als zehn Prozent betragen. Bei Index-Produkten, also etwa CFDs auf Aktienindizes, liegt die maximale Positionsgröße bei fünf Prozent des Kapitals.

Die Erfolgs- und Risikokontrolle wird durch United Signals nach erfolgter Zertifizierung fortgesetzt. Fällt bei einem zugelassenen Trader der Drawdown bei den Verfolgern größer aus als 30 Prozent, wird die Verbindung zu den Depots gekappt. Diese müssen dann selbst entscheiden, ob sie dem Anbieter mit ihrem Konto weiter folgen wollen.

Persönlicher Kontakt

Signalanbieter werden vom Team um United-Signals-Gründer Daniel Schäfer neben der formalen Zertifizierung auch persönlich kontaktiert. Damit will das Unternehmen sicherstellen, dass diese mit der nötigen Ernsthaftigkeit an das Trading herangehen. Schäfer will sich nach eigener Aussage bewusst von Plattformen absetzen, bei denen anonyme Trader nicht klar kommunizierte Strategien fahren.

Deshalb sind die Profis gehalten, eine Strategiebeschreibung in ihrem Trader-Profil zu hinterlegen. Eine darüber hinausgehende Kommunikation ist über die Plattform selbst nicht möglich. United Signals hat allerdings testweise eine Kommentierung von Tradern über eine Facebook-Anbindung eingebaut. Sie wird bislang eher zögerlich genutzt.

Für Anleger sind die Strategien zumeist nur über den Einsatz von 2.000, zum Teil aber auch 5.000 oder sogar bis zu 10.000 Euro Mindesteinsatz im eigenen Depot abbildbar. Die Vorgabe wird durch den Trader gemacht.

Eine »Übersetzung« der Trader-Depots in deutlich kleinere Follower-Depots durch den Einsatz von proportional viel kleineren Positionsgrößen ist ebenfalls möglich und richtet sich nach den kleinsten handelbaren Einheiten der Broker sowie dem Mindestkapital der Strategie. Das Angebot der Handelsprodukte hängt von den Partnern auf der Brokerseite ab. Dies sind bislang der Forex- und CFD-Anbieter FXCM und die Citigroup-Tochter CitiFX Pro.

Das Universum der Basiswerte ist bislang auf Forex-Produkte und CFDs beschränkt. Aktien, ETFs oder andere Derivate wie etwa Zertifikate gehören nicht zu den handelbaren Instrumenten. In naher Zukunft will United Signals aber auch Terminkontrakte wie Futures und weitere Handelsprodukte für die Händler anbieten.

Die Trader und die ihnen folgenden Anleger werden mithilfe der United-Signals-Technologie auf den Systemen der Partner-Broker von United Signals zusammengeführt. Signalgeber und Signalnehmer können bei unterschiedlichen Brokern ihr Konto führen, um den Dienst von United Signals nutzen zu können. Nachdem beide Seiten eine entsprechende Vereinbarung mit dem Broker geschlossen haben, kann der Follower sich über United Signals an beliebig viele Trader »andocken«. Die Trades der Profis werden nun in den Anlegerdepots gespiegelt.

Strategien als Zertifikate

Eine zweite Möglichkeit, aussichtsreichen Tradingprofis zu folgen, bietet United Signals seit April 2013 an. Zusammen mit der Landesbank Berlin (LBB) als Emittentin gibt United Signals Trader-Strategien als Strategiezertifikate heraus. Den Anfang machte ein Zertifikat, das eine Devisenstrategie von Joachim Goldberg und seinem Team der Cognitrend GmbH abbildet. Die Spezialisten für Behavioral Finance haben dabei eine Euro-Dollar-Strategie verbriefen lassen, die auf Stimmungen basiert, die Cognitrend in Form eines »Sentiments« bei Anlegern ermittelt.

Cognitrend bietet seine Strategie zusätzlich direkt über United Signals an. Dabei ist allerdings eine Mindestdepotgröße von 3.000 Euro vorgesehen. In das Zertifikat können Anleger bereits mit einem Mindestbetrag von 100 Euro einsteigen.

Strategiebeschreibung | **Kennzahlen** | **Zuletzt geschlossene Trades** | **Downloads**

Ø Trades pro Woche	0,42
Ø Positionshaltedauer	26 Tage
Anzahl long Trades	7
Anzahl short Trades	7
Ø Gewinn pro Trade	0,47%
Profitable Wochen	20 (55,56%)
Längste Gewinnserie	3
Längster Verlust-Trade	2
Ø Gewinn pro Gewinn-Trade	0,99%
Ø Verlust pro Verlust-Trade	-0,25%
Höchster Gewinn-Trade	3,84%
Höchster Verlust-Trade	-0,85%
Aktueller Drawdown	-3,13%
Tage im aktuellen Drawdown	57
Max DD	-3,20%
Max. Tage im Drawdown	57
Sharpe Ratio	1,07

Gehandelte Symbole

Abbildung 9: United Signals – Kennzahlen einer Strategie, Quelle: United Signals

Geschäftsmodell

United Signals will sich bewusst von den Social-Trading-Anbietern absetzen, deren Signalgeber vor allem über Handelsvolumen Vergütungen erzielen und damit auch die Plattform mitfinanzieren. Vergütungen werden nur für die Performance und nicht über die Handelshäufigkeit ausgeschüttet.

An der Performance Fee, die einheitlich 20 Prozent der erzielten Handelsgewinne (plus Mehrwertsteuer) ausmacht, partizipiert der Trader zum größeren Teil. Er erhält 15 Prozent der Gewinne (inkl. Mehrwertsteuer), der Rest fließt an United Signals. Ausgezahlt wird diese Gewinnbeteiligung jeweils monatlich. Dann wird das Depot des Followers entsprechend belastet.

Die Performance Fee wird zudem nur fällig, wenn der Trader mit seinem Depotwert immer neue Höchstmarken erklimmt. Dieses »High-Watermark-Prinzip« soll dafür sorgen, dass Anleger nur dann zur Kasse gebeten werden, wenn der Wert ihres investierten Kapitals tatsächlich ansteigt. Gebühren fallen für den Anleger für die Nutzung darüber hinaus nicht an.

Für United Signals gibt es neben der Beteiligung am guten Abschneiden der Trader aber noch eine stetigere Umsatzquelle: Das Unternehmen erhält von den Partner-Brokern eine Beteiligung am Spread. Dabei wird die Differenz zwischen An- und Verkaufspreis der Handelsprodukte allerdings nicht wie bei anderen Social-Trading-Plattformen angehoben. Laut United-Signals-Chef Daniel Schäfer profitiert das Unternehmen dabei von Großhandelskonditionen. Für Trader und Anleger wird der Spread also nicht vergrößert, sondern liegt auf dem Niveau aller »Normal«-Kunden.

Mit der Emission von Strategiezertifikaten hat sich das Unternehmen ein weiteres Geschäftsfeld erschlossen. Hier ist United Signals an der Performance Fee und der Management-Gebühr beteiligt. Die Management-Gebühr liegt bei 1,95 Prozent jährlich.

Bewertung

United Signals hat sich im deutschen Markt mit seinem Ansatz eine Nische erobert. Als einziges Unternehmen wollen die Frankfurter ausgewiesene Profis mit Anlegern zusammenführen, die nach einer alternativen Geldanlage suchen. Immerhin – auch talentierte Amateure dürfen sich um einen Platz in der noch kurzen Liste der Strategieanbieter bewerben. Dabei kann das Team um Schäfer auf gute Kontakte in der Bankenszene zurückgreifen.

Unter den Tradern auf United Signals sind Vermögensverwalter, frühere Investmentbanker und sogar ein renommierter ehemaliger Fondsmanager. Den bekannten Börsenexperten Joachim Goldberg, dessen Firma Cognitrend inzwischen zwei Strategien anbietet, kann die Firma als zusätzliches Zugpferd nutzen.

Die Vorgabe, dass Trader nur mit einem Echtgeldkonto arbeiten dürfen, schränkt die Auswahl weiter ein – im positiven Sinne, gerade für weniger risikobereite Investoren. Und auch die strengen Zertifizierungsregeln für die Trader erhöhen tendenziell die Qualität der Anbieter.

Obwohl United Signals sich bewusst nicht ins Getümmel des sonstigen Social-Trading stürzen will, erfährt der Interessent hier mehr über die Trader und ihre Strategie als bei vielen anderen Plattformen.

Allerdings müssen auch die Investmentprofis erst noch zeigen, was sie in aller Öffentlichkeit zu leisten imstande sind. Bislang gibt es auf der Anbieterliste bei United Signals nur wenige Trader, die kontinuierliche Gewinne bei moderatem Risiko über einen längeren Zeitraum abliefern können. Hier darf man gespannt sein, wer seine Strategie den Anlegern in den kommenden Monaten noch zur Verfügung stellt.

Die Vergütung über eine Performance Fee erscheint fairer als die reine volumenbasierte Bezahlung der Trader. Mit dem Angebot der Strategiezertifikate hat sich das Unternehmen nun noch einem größeren Kundenkreis geöffnet.

Für Anleger, die neben der Investition auch die Kommunikation innerhalb der Community suchen oder eigene Strategien diskutieren wollen, eignet sich United Signals in der jetzigen Struktur nicht. Das ist durchaus von den Machern der Plattform so gewollt.

Checkliste United Signals

> Die richtige Strategie finden

Die auf United Signals angebotenen Strategien nutzen ganz unterschiedliche Handelsansätze und Instrumente. Wer eine einzelne Devisenstrategie sucht, wird ebenso fündig wie derjenige, der die Bewegungen im Rohstoffmarkt nutzen will. Strategien, die eine kleine globale Vermögensverwaltung darstellen wollen, sind ebenfalls verfügbar. In jedem Fall sollte die Strategie auch zum Anleger passen.

> Traderauswahl

Obwohl die Anbieter bei United Signals eine Zertifizierungsphase hinter sich haben, sollte man als Anleger den Track Record und die Risikokennziffern im Auge haben. Auch hier gibt es Strategien, bei denen Anleger erst durch ein kleines Kurstal schreiten müssen, bevor es auf neue Gipfel geht. Wer ein bestimmtes Risiko scheut, sollte defensive Anbieter bevorzugen.

> Controlling

Vertrauen ist gut, Kontrolle ist besser. Selbst hartgesottene Profis sind nicht gegen Fehler und Emotionen gefeit. Wenn ein Trader das Risiko erhöht, um aus einer Verlustphase herauszukommen, ist Vorsicht geboten. Wer Zweifel hat, ob eine abonnierte Strategie noch funktioniert, sollte sich schnell von ihr verabschieden.

> Direktverbindung oder Zertifikat?

Als Einstieg in die Welt des Copy-Trading ist der Kauf eines Strategiezertifikats die einfachste und bequemste Variante, vor allem für den kleineren Anlegergeldbeutel. Nicht außer Acht lassen sollte man die zusätzlichen Kosten, die dabei entstehen. Zwei Prozent Verwaltungsgebühr jährlich müssen vom Trader erst einmal hereingeholt werden. Zudem fallen beim Ein- und Ausstieg stets Transaktionskosten an.

3.7 Hintergrund: CFDs, die neue Börsenwette

Social Trading ist heute kaum denkbar ohne eine neue Produktgattung. Die CFDs, Abkürzung für »Contracts for Difference«, haben in den vergangenen Jahren in Deutschland einen Siegeszug angetreten.

Mehrere Dutzend CFD-Anbieter gibt es bereits in Deutschland. Einige sind aus ehemaligen Forex-Handelsplattformen hervorgegangen, die ursprünglich nur die Währungsspekulation ermöglicht haben. Andere sind direkt ins CFD-Geschäft eingestiegen. Eine dritte Gruppe sind etablierte Online-Broker, die den Handel mit den boomenden Produkten nun ebenfalls in die Produktpalette aufgenommen haben.

CFDs sind Derivate, die auf einer Vereinbarung zwischen Verkäufer und Käufer beruhen. Beide handeln damit streng genommen mit der Kursdifferenz bei einer Aktie oder einem anderen Basiswert, die zwischen dem Kauf und dem Verkauf entsteht. Die CFDs bilden die Kursbewegung von Aktien, Indizes, Rohstoffen oder Devisengeschäften fast exakt nach. Sie werden in aller Regel außerbörslich »Over the Counter« (OTC) und nicht über eine Börse gehandelt.

Nach einer Studie des Marktforschungsunternehmens Investment Trends waren bis Mitte vergangenen Jahres 43.000 CFD-Kunden in Deutschland aktiv. Die Forscher sehen in Deutschland einen Schlüsselmarkt für die Produktgattung.[34]

CFDs sind in den 1990er-Jahren in Großbritannien erfunden worden. Eigentlich verdanken sie ihre Existenz einer Steuersparidee. Die »Stempelsteuer«, eine Umsatzsteuer auf Börsengeschäfte in Großbritannien, war der Anlass. Die Steuer erfasste den Aktienhandel, nicht aber den außerbörslichen Abschluss von Differenzgeschäften auf dieselben Wertpapiere.

Ursprünglich als Instrumente für Investmentbanker gedacht, wurden die Produkte im Vereinigten Königreich schnell auch bei Privatanlegern beliebt. In den vergangenen Jahren haben sie ihre Erfolgsgeschichte in Deutschland und anderen europäischen Ländern, aber auch in Australien, Kanada oder Südafrika fortgesetzt. In den USA sind CFDs allerdings nicht erlaubt.

Nach Deutschland schwappte die CFD-Welle im Jahr 2006. Das Hanseatic Brokerhouse hat als einer der Ersten die neue Produktgattung hierzulande eingeführt.[35]

Da ein Verband auch sieben Jahre nach dem Start der CFDs in Deutschland noch im Aufbau ist, fehlen eindeutige Zahlen zur heutigen Kundenbasis und zu Handelsvolumina. Die drei wichtigsten Anbieter sind laut

Investment Trends die beiden britischen Anbieter CMC Markets und IG Markets sowie RBS marketindex, eine Tochter der ebenfalls britischen Royal Bank of Scotland (siehe Tabelle).

CMC Markets	25 %
IG Markets	13 %
RBS marketindex	10 %
flatex	8 %
WH selfinvest	7 %
Activetrades	5 %
comdirect	4 %
Saxobank	3 %
FXCM	3 %
CortalConsors	3 %

Marktanteile der CFD-Anbieter in Deutschland 2012, Quelle: Investment Trends

Zu ihnen haben sich in den zurückliegenden Jahren viele kleinere und größere Anbieter gesellt, die ganz unterschiedliche Kundengruppen repräsentieren. Da sind auf der einen Seite CFD-Broker wie die polnische XTB oder die Saxo Bank aus Dänemark, die Trader mit der Anbindung mächtiger Softwareprogramme anlocken wollen, in die ganze Handelssysteme integriert werden können. Hier geht es um Ausführungsgeschwindigkeit, hohe Hebel und niedrige Spreads.

Auf der anderen Seite stehen die Commerzbank-Tochter comdirect und der S-Broker des Sparkassen-Systems, die CFDs noch eher als »Kennenlern-Produkte« für aufgeschlossene Kunden anbieten. Sie werben vor allem mit hoher Zuverlässigkeit und Sicherheit.

Imageschaden durch Pleiten

Der Ruf der CFDs hat durch spektakuläre Pleiten in der Vergangenheit gelitten. Ende 2012 gab es auch in Deutschland einen kleinen »GAU« für die Branche. Im Dezember 2012 verhängte die Bundesanstalt für Finanzdienstleistungsaufsicht (BaFin) zunächst ein Moratorium über den Broker FX direkt, um dann im Januar 2013 zunächst die Insolvenz und danach den Entschädigungsfall festzustellen. 17 Millionen Euro schuldete FX direkt am Ende seinen Kunden. Immerhin greift nach der Pleite die Entschädigungseinrichtung der Wertpapierhandelsunternehmen (EdW). Dabei werden 90 Prozent der Einlagen, maximal aber 20.000 Euro, erstattet.[36] FX direkt war zuvor mehrere Jahre als CFD-Broker des Jahres ausgezeichnet worden. Auf der verwaisten Internet-Seite der Firma war noch lange nach der Insolvenz der Hinweis zu lesen: »Ihr Geld hat diese Chance verdient.«

Nicht nur die Zahlungsunfähigkeit von FX direkt hat dabei die Branche in Verruf gebracht, sondern auch die Art, in der das Unternehmen Kunden beworben und »bearbeitet« hat. Bereits zwei Monate vor dem Moratorium hatte die *WirtschaftsWoche* unter Berufung auf Insider über die Geschäftspraktiken des Unternehmens berichtet.[37]

Schon im Frühjahr 2012 hatte eine Pleite die Branche erschüttert. Der britische CFD-Anbieter Worldspreads hatte offenbar Kundengelder veruntreut, anstatt sie in separaten Konten zu verwalten.[38]

CFDs: Schlicht, schnell, günstig – und gefährlich

Trotz der Imagekratzer, die CFDs durch die Vorkommnisse erlitten haben, setzten sie sich bei Privatanlegern immer mehr durch. Dafür gibt es eine Reihe von Gründen.

Die Einfachheit der CFDs ist augenfällig und macht sie auf den ersten Blick für Hobbytrader attraktiv. Ein Dax-Kontrakt sieht zum Beispiel genauso aus wie der Dax, schwankt Punkt für Punkt fast exakt im Gleichklang mit dem deutschen Leitindex.

Das tun zwar auch Indexzertifikate, aber sie arbeiten nicht mit einem Hebel. Verliert der Dax ein Prozent, verliert das Zertifikat ein Prozent. Bei Hebelzertifikaten wiederum hat der Anleger die Wahl zwischen Tausenden von Varianten mit unterschiedlichster Ausgestaltung. Diese Qual kann er sich beim CFD ersparen. Er kann zwischen verschiedenen Hebeln auswählen. Die verfügbaren Hebel reichen bei den meisten Anbietern von 1:5 bis hin zu 1:200.

Der CFD-Käufer muss sich zudem nicht um Knock-out-Schwellen, Zeitwertverluste und ähnliche Faktoren kümmern. Im Gegensatz zu Futures, die bei Profis und in den USA auch bei Privatanlegern beliebt sind, bewegt der Anleger mit einem CFD nur einen Bruchteil des Kapitals. Die »Ticksize« beim Dax-CFD ist immer ein Euro oder Dollar pro Punkt. Der Dax-Future dagegen hat einen Punktwert von 25 Euro. Eine zu große Schwungmasse für die meisten Privatanleger.

Ihre leichte Handelbarkeit ist ein weiterer Vorteil der CFDs gegenüber fast allen anderen Produkten, die für private Investoren infrage kommen. Über die nutzerfreundlichen Plattformen der Anbieter oder über plattformübergreifende Anwendungen wie den Meta-Trader können Orders zum Teil mit einem Mausklick ausgelöst werden. Order-Zusätze, wie Stops oder Take-Profit, können voreingestellt werden. Das mühselige Eintippen von Wertpapier-Kennnummern und die Auswahl eines Börsenplatzes gehören genauso der Vergangenheit an wie minutenlanges Warten auf die »Erfolgsmeldung« beim Aktien- oder Fondshandel. Eine Order wird unmittelbar ausgeführt und der CFD auf dem Konto eingebucht.

Differenzkontrakte können auch auf der Kostenseite punkten. Eine Transaktionsgebühr wie beim Kauf und Verkauf herkömmlicher Wertpapiere fällt nicht an, Depotgebühren erscheinen in der Welt der CFDs wie ein Relikt aus vergangenen Zeiten. Der CFD-Broker finanziert sich fast ausschließlich über den »Spread«, die Differenz zwischen Kauf- und Verkaufspreis. Beim Dax-CFD liegt dieser Spread bei einem bis drei Punkten, also etwa bei 7.000 zu 7.002 Punkten. Das ist erheblich geringer als Spreads bei den meisten Hebelprodukten aus dem Zertifikate- und Optionsschein-Bereich. Neben dem Spread verlangen die Broker zumeist lediglich Finanzierungsgebühren, wenn ein CFD über Nacht gehalten wird. Sie orientieren sich in aller Regel an Geldmarktzinsen wie dem Interbankenzins Euribor.

Ihre Flexibilität macht die CFDs für viele Anwendungsbereiche nutzbar. Mit kleinem Kapitaleinsatz können private Investoren mit großem Hebel auf kurze Marktbewegungen setzen. Da man mit CFDs aber auch auf fallende Kurse setzen kann, sind die Produkte auch als Absicherungsinstrumente nutzbar, um ein langfristig angelegtes Aktien- oder Fondsdepot zu schützen.

Wie füreinander geschaffen: CFDs und Social Trading

Mit einer Handvoll CFDs kann ein Anleger sich ein Portfolio mit Anteilen aus Aktien, Anleihen, Rohstoffen oder Währungen zusammenbauen. Das war so bislang kaum möglich. Nicht umsonst sprechen die Anbieter von einer »Demokratisierung der Finanzanlage«. Was früher nur Hedgefonds-Manager unter hohem Aufwand bewerkstelligen konnten, das kann sich der private Anleger heute mit ein paar Mausklicks erschaffen: ein globales Portfolio in verschiedenen Anlageklassen, das auf alle Marktsituationen eingestellt und blitzschnell umgeschichtet werden kann. Kein Wunder also, dass Social Trading als neuer Ansatz der Geldanlage und CFDs als Wahl des Mittels wie füreinander geschaffen scheinen.

Bei so viel Licht muss es auch Schattenseiten geben. Die erwähnten schwarzen Schafe der Branche hätten sonst kaum die Chance gehabt, Kunden und Aufseher so erfolgreich hinters Licht zu führen.

Derivate ohne Markt

Ein genauerer Blick auf die Struktur der CFDs erklärt ihre Risiken. CFDs sind eine Vereinbarung zwischen Käufer und Verkäufer. Dabei verspricht der Verkäufer, dem Käufer den Differenzbetrag zwischen Kauf und Verkauf zu erstatten. Die Bundesanstalt für Finanzdienstleistungsaufsicht (BaFin) hat CFDs zuletzt in einem »Merkblatt« aus dem Mai 2012 als Derivate eingeordnet[39] und sich dabei auf die gesetzliche Grundlage des Kreditwesengesetzes (KWG) berufen.

Dabei wird zwar der Marktwert des Basispreises als Referenz für die beiden Vertragsparteien erwähnt. CFDs verfügen aber eigentlich über keinen eigenen Markt, in dem Angebot und Nachfrage den Preis regeln. Der Kurs eines CFD wird vom Anbieter bestimmt. Er sollte so exakt wie möglich den Basiswert abbilden, muss dies aber nicht zwangsläufig. Bei CFDs auf Aktienindizes wie den Dax ist der eigentliche Referenzwert in aller Regel der Dax-Future, der an Terminbörsen gehandelt wird, und nicht der Dax Performance Index.

Dies ist vor allem darin begründet, dass der CFD-Broker die Geschäfte seiner Kunden im Wesentlichen nachbilden oder auch »hedgen« muss, um sich selbst vor Verlusten zu schützen. Die Händler setzen dabei aber nicht jeden einzelnen CFD sofort an einer Terminbörse in Form von Futures oder anderen Terminkontrakten um, sondern bündeln eine größere Zahl von Kontrakten, die dann an den Markt weitergegeben werden.

In den meisten Fällen findet der Handel der Differenzkontrakte also abseits eines echten Marktes statt. Dies geschieht übrigens auch bei den meisten Trades in Zertifikaten, denn diese werden ja ebenfalls überwiegend direkt mit den emittierenden Banken gehandelt.

Um diesen möglichen Mangel auszugleichen, haben eine Reihe von CFD-Brokern einen eigenen »Marktzugang« ersonnen. Beim »Direct Market Access« (DMA) kann der Kunde direkt Einblick in das Orderbuch einer Börse nehmen. Eine Kauf-Order durch den Kunden löst dann unmittelbar auch den Kauf des Basiswertes, also der echten Aktie oder eines Indexfutures, durch den Broker aus. Der Kunde handelt aber weiterhin nur einen CFD. Er hat auf diese Weise immerhin einen besseren Einblick in die Kauf- und Verkaufsaufträge, die an einer Börse auflaufen. Den direkten Marktzugang lassen sich die CFD-Anbieter aber zum Teil auch bezahlen.

Ärger mit dem Spread

Der Spread, also die Differenz zwischen Ankaufs- und Verkaufspreis, ist bei CFDs ein wichtiger Faktor. Er ist gleichzeitig die wichtigste Einnahmequelle für den Broker und Gegenstand von Kritik durch Kunden.

Spreads können nach den AGB vieler Broker verändert werden. Vor allem in Börsenzeiten mit hohen Schwankungen geschieht dies oft, sehr zum Ärgernis der Kunden, die dann mit jedem Trade eine größere Kluft bis zum Erreichen der Gewinnzone überspringen müssen. Einige Broker versuchen aber auch hier, der Kundschaft entgegenzukommen. So gibt es inzwischen Preismodelle mit »garantierten Spreads«. Auch dieser Service hat seinen Preis, entweder in Form von Gebühren; oder die Spreads sind in der garantierten Variante größer als in der variablen.

Garantiert ist auch nicht, dass der Kunde den Kurs erhält, den er beim Abschluss der Kauf- oder Verkaufsorder sieht. Im CFD-Handel sorgen schnelle Kursbewegungen mitunter dafür, dass die Ausführung zu einem anderen, schlechten Kurs erfolgt. Diese **Slippage** gibt es im Prinzip auch beim Börsenhandel, ob bei Aktien, ETFs oder Zertifikaten. Ist der Kurs aber regelmäßig schlechter als erhofft, kann dies auch darin begründet sein, dass der Broker dem Kunden einen schlechteren Kurs gibt, als er selbst nutzt, wenn er die jeweilige Position an den Markt weitergibt.

Gleiches gilt für sogenannte **Requotes**. Dabei wird eine Order zu dem Kurs, den der Kunde mit seiner Order angefragt hat, nicht ausgeführt. Der Broker bietet ihm stattdessen einen neuen Kurs, der ebenfalls in der Regel schlechter ist. Hier kann der Anleger zumindest noch entscheiden, ob er den Auftrag zu diesem Preis aufgeben will. Einige CFD-Anbieter verzichten inzwischen aber generell auf Requotes. Slippage-Effekte oder auch häufige Requotes beim Broker sollten den Investor hellhörig werden lassen.

Das Internet macht es möglich, dass eine große Anzahl von Firmen ganz unterschiedlicher Herkunft die Differenzkontrakte anbietet. Nicht immer werden sie durch die deutsche Börsenaufsicht, die BaFin, kontrolliert. Um in Deutschland tätig zu sein, reicht etwa eine einfache EU-Registrierung bei der Behörde. Eine Aufsichtspflicht wird dann jeweils durch das Heimatland wahrgenommen. Viele der Anbieter werden aber durch die britische Finanzaufsicht FCA kontrolliert.

Eine Art interne Regulierung der Broker stellt eine Abtrennung der Kundenkonten von den Unternehmenskonten dar. Kundengelder sind zumindest durch diese formale Hürde besser vor Zugriffen geschützt, ob im Fall der Insolvenz oder im normalen Geschäftsbetrieb. Kriminelle Energie kann diese formale Regelung freilich ebenfalls nicht verhindern (siehe auch Kapitel 4: Der richtige Broker).

3.8 sharewise: Gewinnbringende Empfehlungen

Die Weisheit der Vielen funktioniert auch im Finanzmarkt, dachten Stefan Nothegger und Nicolas Plögert bereits im Jahr 2007. Aus der Unzufriedenheit über die Qualität der Empfehlungen von professionellen Analysten heraus erwuchs eine eigene Empfehlungsplattform. Auf sharewise empfehlen private Investoren die Aktien, die sie für interessant halten, oder sie raten zum Verkauf bei Papieren, bei denen sie keine Steigerungen mehr erwarten.

Der Beweis scheint geliefert: Die besten Tippgeber aus der Anlegergemeinde sind treffsicherer als die Börsenprofis. Laut Michael Mellinghoff, seit 2010 einer der sharewise-Geschäftsführer, können die institutionellen Analysten unter den auf sharewise ermittelten 20 besten Aktienexperten regelmäßig nur einen bis zwei stellen. Die Plattform stellt die öffentlich gemeldeten Kauf- und Verkaufsempfehlungen der Analysehäuser fortlaufend der Meinung der Community gegenüber.

Mehr Transparenz im Finanzmarkt zu erzeugen und privaten Anlegern das Wissen der Internetgemeinde zur Verfügung zu stellen, ist das Ziel von sharewise. Das Unternehmen setzt ganz bewusst auf Technologien und Features des Web 2.0. So können registrierte Nutzer ihre Ansichten zu Aktien aktuell twitterartig publizieren. Die Tippgeber werden durch ein Rankingsystem von sharewise einsortiert. Die Empfehlungen der vergangenen 180 Tage fließen in diesen Bewertungsalgorithmus ein, der auf der Plattform offen einsehbar ist.

Aus einer großen Anzahl von Meinungen und Empfehlungen zu bestimmten Aktien entsteht ein Stimmungsbild, mit dem die Macher von sharewise die Schwarmintelligenz der Nutzer einfangen wollen. Mitte

2013 sind insgesamt rund 220.000 Empfehlungen auf der Plattform verzeichnet, sie reichen bis in die Anfänge des Unternehmens vor sechs Jahren zurück. sharewise hat derzeit mehr als 150.000 registrierte User, 15 bis 20 Prozent davon beteiligen sich aktiv an den Empfehlungen für einzelne Aktien und füllen den großen Meinungspool.

Im Bewertungssystem stuft sharewise die Anleger nach der Treffsicherheit ihrer Tipps ein. Dabei werden nur Empfehlungen berücksichtigt, die sich auf Aktien mit einem Handelsvolumen ab 500.000 Euro täglich im Drei-Monats-Durchschnitt beziehen. Tipps für weniger liquide Aktien können zwar abgegeben werden, haben auf das Ranking aber keinen Einfluss und gelten mindestens 14 Tage. sharewise will auf diese Weise eine mögliche Marktmanipulation bei kleinen, marktengen Werten verhindern.

Gute Tipps erhöhen den »Skill Level«

In ein Ranking gehen zudem nur Mitglieder ein, die mindestens fünf Empfehlungen abgegeben haben. Für sie wird ein virtuelles Depot angelegt, dessen Performance den »Skill Level« des Anlegers bestimmt. Verkaufsempfehlungen eröffnen dabei eine »Short-Position«, damit steigt der Wert des Depots, wenn die jeweilige Aktie fällt. Je höher die Performance im Depot, desto höher der Level des Tippgebers und damit auch seine Reputation innerhalb der Gemeinde. Neben der reinen Performance-Rangliste führt sharewise auch Rankings für Anleger mit der besten Trefferquote oder der höchsten durchschnittlichen Rendite.

Als Vergleichsmaßstab, also »Benchmark«, für die privaten Empfehlungen in den virtuellen Depots dient der europäische Aktienindex Stoxx Europe 600. Wer den Index schlägt, hat einen Skill Level von über 0, wer schlechter abschneidet, rangiert im Minus-Bereich.

sharewise honoriert aber auch die »soziale Kompetenz« seiner Mitglieder abseits von Wertentwicklungen. So können Meinungen und Einschätzungen zu einzelnen Titeln oder auch dem Gesamtmarkt wiederum von den Nutzern bewertet werden. Meinungsstarke und sehr aktive sharewise-Mitglieder werden auf entsprechenden Ranglisten hervorgehoben.

Im Top100-Club versammeln sich die besten Tippgeber, was die Treffsicherheit ihrer Vorhersagen angeht. So will sharewise diejenigen unter den Nutzern kenntlich machen, die mit ihren Tipps die größte »Outperformance« bei den liquide gehandelten Aktien von Großunternehmen erzielen und das auch noch regelmäßig schaffen.

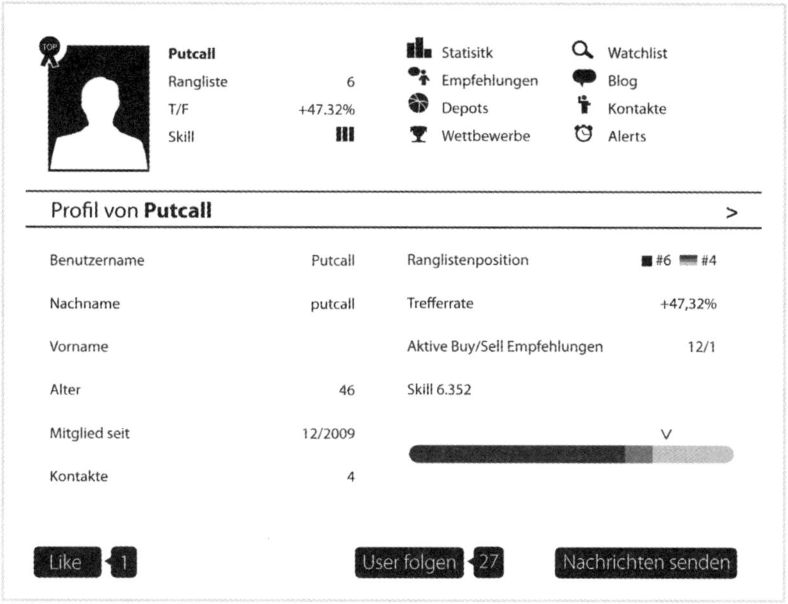

Abbildung 10: Sharewise – Skill Level eines Top-Mitglieds, Quelle: Sharewise

Der Club der Besten hat mehrfache, wesentliche Funktionen für die Plattform. Über ein Anreizsystem werden die besten Empfehlungsgeber motiviert. In ihrem Profil wird die Zugehörigkeit zum »Club« entsprechend kenntlich gemacht. Sie erhalten eine Reihe von Vergünstigungen, wie kostenlose Börsenbriefe, und nehmen an Verlosungen teil.

sharewise nutzt die Empfehlungen der treffsichersten Nutzer aber auch, um den eigenen »sharewise Börsenbrief« mit redaktionell bearbeiteten Analysen und Marktüberblicken zu bestücken.

Die Weisheit der aus der Masse herausgefilterten »Wenigen« ist für die Plattform aber auch Basis für einen eigenen Investmentfonds, den H&A sharewise Community Fonds, der in Kapitel 5 noch genauer unter die Lupe genommen wird.

Geschäftsmodell

Der Community Fonds ist nur ein kleinerer Baustein der Einnahmen, den sharewise seinem Geschäftsmodell Ende 2012 hinzugefügt hat. Das Unternehmen erhält einen Teil der Verwaltungsvergütung sowie die Performance Fee, allerdings frühestens Mitte 2013. Von der Performance Fee wird ein Teil an die Top100-Clubmitglieder weitergegeben.

Haupteinnahmequelle ist derzeit für das Unternehmen seine Community-Technologie. Diese vermarktet sharewise in Lizenz an mehrere Partner in mehreren Ländern. Der Online-Broker CortalConsors stützt sein eigenes Anlegerforum zum Beispiel auf die Softwaretechnologie von sharewise.

Weitere Umsätze kommen aus dem Börsenbrief, der derzeit rund 200 Abonnenten hat. Dieser enthält Empfehlungen der Top100-Nutzer und weiterer Marktanalysten. sharewise erzielt auch Werbeerlöse. Im Geschäftsjahr 2011 hat sharewise erstmals einen Nettogewinn erzielt.

An Transaktionen der sharewise-Mitglieder verdient das Unternehmen somit nicht. Zwar können die Nutzer sich auf der Plattform Musterdepots einrichten, eine Transaktionsmöglichkeit zum Kauf oder Verkauf von Aktien oder anderer Wertpapiere ist aber nicht vorgesehen.

Bewertung

sharewise ist weniger ein Tradingportal als eine Community, in der Meinungen zum Aktienmarkt kundgetan und diskutiert werden. Das Unternehmen hat den Nachweis erbracht, dass einzelne »Gemeindemitglieder« den Aktienmarkt besser einschätzen können als die Profis.

Für Privatanleger, die sich unabhängig über aussichtsreiche Aktien und Unternehmen informieren möchten, bietet die Plattform einiges. Die soziale Komponente, der Austausch über die Geldanlage, vor allem per Aktie, spielt bei sharewise seit dem Beginn eine wichtige Rolle. Damit bedient die Plattform das Bedürfnis nach Information und sogar Beratung außerhalb des Bankensystems.

Im Sinne von »sozialer Kollaboration« ist damit auch eine Schwarmintelligenz am Werk, immerhin bietet die Datenbank eine gewaltige Zahl von Empfehlungen und Einschätzungen vieler Tausend Nutzer.

Der Ansatz kommt nachweislich bei der wachsenden Gruppe der internetaffinen Anleger gut an. Die Zahl der registrierten sharewise-User wächst alljährlich um 30 Prozent pro Jahr.

Ob die Top-User über den sozialen Status in der Gemeinde und kleine Vergünstigungen lange gebunden werden können, ist eine offene Frage. Immerhin könnten einige von ihnen wohl auf anderen Social-Trading-Plattformen an der Performance ihrer Musterdepots mehr verdienen. sharewise denkt inzwischen darüber nach, einen Teil der Performance Fee aus dem Fonds an die Mitglieder des Top100-Clubs auszuschütten.

Checkliste sharewise

> Tippgeber

Zwar wird bei sharewise nicht direkt der Kauf von Wertpapieren oder Derivaten angeboten, doch vermeintlich gute Tipps zum Aktienkauf machen sehr wohl die Runde. Da reicht vielleicht die Empfehlung eines der »Cracks« aus dem Top100-Club, um über einen Trade nachzudenken. Vorher sollte man die Statistik des Tippgebers unter die Lupe nehmen. Seine Empfehlungen sollten gut begründet und seine Trefferquote entsprechend hoch sein. Die Kommunikationsmöglichkeiten von sharewise lassen eine Kontaktaufnahme spielend leicht zu.

> Empfehlungen

So wie eine ganze Tradingstrategie zum Anleger passen sollte, sollte es auch eine heiß empfohlene Aktie. Wer mit Internettiteln nichts anfangen kann, sondern defensive Pharma- oder Versorgeraktien bevorzugt, sollte sich nicht auf Facebook- oder Google-Aktien stürzen, weil die Gemeinde oder einzelne Mitglieder dazu raten.

> Kollektiv nutzen

Warum nicht die Weisheit der Vielen einmal einspannen, wenn eine Frage oder ein Anliegen in Sachen Geldanlage brennt? Im Forum erhält man nicht nur schnell Antworten auf Detailfragen, man bekommt als Nutzer ein Gefühl dafür, wie die Stimmungslage zu einzelnen Werten, Aktien oder dem Gesamtmarkt ist.

3.9 Wikifolio: Der Trader als Zertifikat

Die Anlegerrevolution ist in vollem Gange. Den Eindruck hat man unweigerlich, wenn man die Startseite von Wikifolio betritt. Den Umsturz des Finanzestablishments dokumentiert die Plattform in harten Zahlen und Fakten. Die über Wikifolio investierten Euros zum Beispiel. Das Handelsvolumen und die Zahl der Wikifolios, in die Anleger investieren können, steigen von Tag zu Tag, von Monat zu Monat.

Wikifolio ist ein Jahr nach seinem Start in aller Munde, so scheint es. Seine Tradingstrategien werden auf der Seite des Finanzdaten-Anbieters Onvista angepriesen. Wer in der Börsen-Community Wallstreet-Online stöbert, stolpert unweigerlich über ein Werbebanner mit ausgewählten Wikifolios. Auf ganzseitigen Anzeigen des *Handelsblatts* wird zum Kennenlernen eingeladen, auf Anlegermessen und Börsentagen sind die Österreicher um Gründer Andreas Kern unterwegs.

Die Börse Stuttgart hat das Social Trading dank Wikifolio für sich entdeckt. Und sogar der S-Broker, Online-Arm des Sparkassensystems, sponsert Neukunden mit einem Bonus beim Kauf von Wikifolios.

Kein Zweifel, die Firma aus Wien ist gut vernetzt und bringt ihren Ansatz werbewirksam zur Geltung. Tatsächlich ist die Wikifolio-Idee ein Novum, zumindest in der deutschsprachigen Finanzgeschichte: Erstmals können Trader und Anleger eine Handelsstrategie aufsetzen, präsentieren und zu einem Anlageprodukt schnüren lassen. Was auf den ersten Blick nach einer Mischung aus Finanz-Science-Fiction und der unheilvollen Verbriefung von Hypothekenkrediten klingt, gab es auch vor Wikifolio schon. Zertifikate-Emittenten haben seit vielen Jahren Handelsansätze, bestimmte Börsenszenarien oder ganze hochkomplexe Strategien in die Form eines Zertifikats gegossen.

Neu ist, dass mit Wikifolio jeder private Investor die Möglichkeit hat, ein solches Produkt zu erstellen. Er kann seine Anlagephilosophie der Börsengemeinde vorstellen und durch den Verkauf seines Wikifolios als Zertifikat finanziell davon profitieren.

Umgekehrt können Anleger an Strategien teilhaben, die nicht in der Produktwerkstatt einer Fondsgesellschaft oder eines Zertifikateanbieters entstanden sind. Wikifolio will dabei beide Parteien, Anleger und Strategieanbieter, möglichst nahe zusammenbringen. Dem anonymen Produktentwickler aus den Bankentürmen wird der möglichst auskunftsfreudige Trader entgegengesetzt.

Inzwischen sind mehrere Hundert in Wikifolios gegossene Strategien verfügbar, mehrere Tausend Musterdepots besiedeln insgesamt die Plattform. Durch eine Filterfunktion wird die Vorauswahl eines Traders oder einer Strategie erleichtert. So kann nach Risikokennziffern, nach Performance in verschiedenen Zeiträumen oder nach dem Zuspruch des Portfolios bei anderen Investoren sortiert werden. Nach regionalen oder Branchengesichtspunkten kann ebenfalls gefiltert werden. Alle Wikifolios müssen zudem bei ihrer Erstellung nach einem strategischen Ansatz verortet werden.

Ranking nach acht Faktoren

Zur Auswahl stehen hier Stichworte wie »Fundamentale Analyse«, oder »Technische Analyse« oder auch der Hinweis, dass beim Signalgeber ein

»automatisiertes Handelssystem« zum Einsatz kommt. Die Plattform hat aber zusätzlich ein eigenes Ranking für bestehende Wikifolios eingeführt. Es berücksichtigt insgesamt acht Kriterien. Dazu gehören »harte« Faktoren wie die bisherige Performance und der maximale Verlust oder die Anzahl der Vormerkungen durch die Anlegergemeinde. Wichtig ist auch das »soziale Engagement« des Traders selbst: Je öfter dieser sich in sein Wikifolio einloggt und je höher seine Aktivität auf der Plattform, desto höher das interne Ranking.

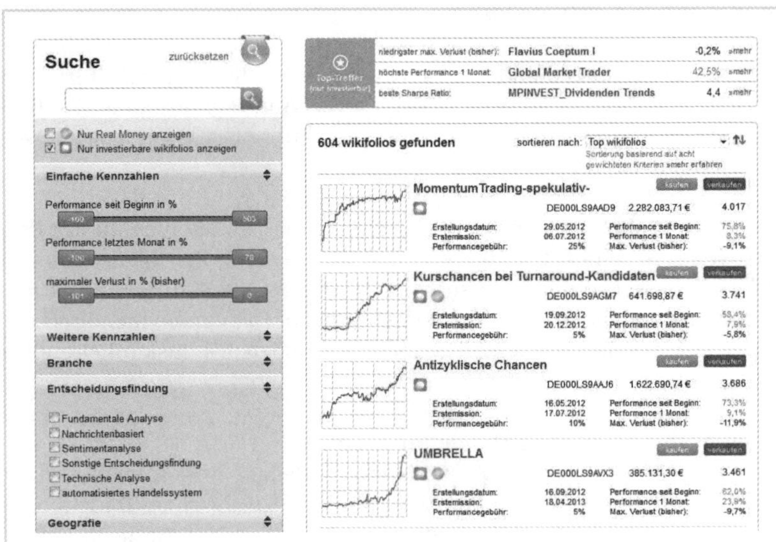

Abbildung 11: Wikifolio – investierbare Top-Wikifolios, Quelle: Wikifolio

Wer nach dieser Vorauswahl einen oder mehrere interessante Handelsanbieter gefunden hat, kann noch tiefer bohren. Die Selbstbeschreibung der Trader liefert weitere Hinweise zu deren spezifischer Herangehensweise. Transparenz ist bei Wikifolio bis hinunter zu den einzelnen Trades der Standard. Jeder Anleger oder Interessierte kann sich die momentane Depotstruktur jedes Wikifolios anschauen. Alle Trades sind einsehbar und mit Datumsstempel versehen. Zusätzlich besteht die Möglichkeit für den Trader, seine Transaktionen in einer Kommentarfunktion zu erläutern.

Wikifolio will die Barriere zwischen Tradern und Anlegern möglichst niedrig halten. Daher werden erfolgreiche Profis der Gemeinde in einem eigens eingerichteten Blog-Bereich per Interview in unregelmäßigen Abständen vorgestellt. Von Markus Strauch, der die Strategie »Momentum Trading-spekulativ« einsetzt und damit ein investiertes Kapital von rund zwei Millionen Euro dirigiert, erfahren wir, dass er schon mit 16 Jahren mit Sondergenehmigung seiner Eltern Aktien handelte und sich später als Wertpapierhändler auf eigene Rechnung selbstständig machte.

Die Macher von Wikifolio sehen sich selbst nicht nur als Provider der Plattform, sondern auch als Teil der Community. Deshalb sind alle Mitglieder der Geschäftsführung auch selbst mit einem eigenen Wikifolio präsent. Gründer und Geschäftsführer Andreas Kern, selbst ausgebildeter Börsenhändler, betreibt unter dem öffentlichen Pseudonym »earnslikehell« gleich ein halbes Dutzend bislang profitabler Wikifolios. Kollege Thomas Hapala alias »CashCow«, beim Unternehmen eigentlich im Business Development tätig, ist mit seiner Strategie »Krisensichere Investments«, die auf Aktien großer Konzerne aus der Tabak- und Ölindustrie setzt, sogar einer der erfolgreichsten Trader der Plattform. Seine drei investierbaren Wikifolios betreibt er mit echtem Geld.

Anleger und Trader haben derzeit ein noch begrenztes Anlageuniversum zur Auswahl. Es besteht aus 1.600 Aktien und rund 1.100 ETFs. Alle Wertpapiere werden über den Partner, das Handelshaus Lang & Schwarz, gehandelt. Die Transaktionen beruhen also auf Preisen, die Lang & Schwarz im Direkthandel stellt. Wikifolio plant, die Auswahl der Instrumente auf Derivate wie Hebelzertifikate zu erweitern.

Beim Aufsetzen eines eigenen Wikifolios müssen die Trader bereits festlegen, ob sie die gesamte Auswahl an Basiswerten nutzen wollen, oder ob sie auf bestimmte Instrumente, Branchen oder Regionen festgelegt sind. Ein neu gegründetes Wikifolio muss danach einen mehrstufigen Prozess durchlaufen, bis es »investierbar« ist, also als Zertifikat verbrieft wird.

In einer Testphase kann der Trader zunächst erste Transaktionen durchführen. Danach wird die Veröffentlichung beantragt. In dieser Phase wird das Wikifolio von Mitarbeitern auf Konsistenz geprüft, also kontrolliert, ob die Trades und die genutzten Instrumente der Anlagephilosophie entsprechen.

Aus Strategien werden Zertifikate

Nach der Veröffentlichung muss das Wikifolio zunächst einen Track Record von 21 Tagen aufbauen. Zehn Vormerkungen von interessierten Anlegern müssen vorliegen. Und die müssen bereit sein, zusammen mindestens 2.500 Euro in die Strategie zu investieren. Die Gemeinde soll also selbst darüber entscheiden, ob eine Strategie erfolgversprechend ist oder nicht. Die bekundete Bereitschaft, in das neue Wikifolio zu investieren, ist allerdings für Anleger nicht verpflichtend.

Damit das Wikifolio dann zu einem Zertifikat verwandelt werden kann, muss sich der Trader gegenüber Wikifolio identifizieren. Erst danach erhält es eine Wertpapierkennnummer (WKN) und eine internationale Kennnummer, ISIN. Lang & Schwarz gibt für jedes Wikifolio einen eigenen Wertpapierprospekt heraus, der öffentlich einsehbar ist.

Wer die entstandenen Zertifikate kaufen will, kann den eigenen Broker oder die eigene Bank nutzen. Die Kauf- und Verkaufsbuttons bei den Wikifolios leiten nur zu den Partner-Brokern weiter, die das Unternehmen selbst empfiehlt. Gehandelt werden können die Wiki-Zertifikate aber auch über alle anderen Broker und Banken, die die Stuttgarter Börse oder Lang & Schwarz selbst als Handelsplatz anbieten.

Als Zertifikat ist ein Wikifolio eine Schuldverschreibung des Emittenten, also von Lang & Schwarz. Der Anleger erwirbt damit nicht die dem Wikifolio zugrunde liegenden Aktien oder Fondsanteile. Die Pleite der US-Investmentbank Lehman Brothers hat Anlegern vor Augen geführt, dass ein Emittentenrisiko durchaus real ist. Im Gegensatz zu Aktien, die Unternehmensanteile darstellen, und Investmentfonds (zu denen auch ETFs gehören), die als Sondervermögen geschützt sind, besteht im Fall der Zahlungsunfähigkeit des Emittenten die Möglichkeit des Totalausfalls.

Lang & Schwarz selbst unterlegt die Transaktionen, die ein Trader in seinem Wikifolio durchführt, aber durchaus mit echten Käufen und Verkäufen von Aktien oder ETF-Anteilen. Den technischen Ablauf hat Lang & Schwarz selbst im Wikifolio-Blog detailliert beschrieben.

Geschäftsmodell

Transparenz ist Wikifolio wichtig, auch bei den Vergütungsstrukturen für die Plattform und für die Trader. In den FAQs findet sich eine Übersicht, die darstellt, womit Wikifolio Geld verdient. Das ist zuallererst die Zertifikategebühr. Sie beträgt 0,95 Prozent des Zertifikatewertes pro Jahr.

Daneben teilen sich der Anbieter einer Handelsstrategie und Wikifolio eine Performance-Gebühr. Sie fällt nur an, wenn eine Handelsstrategie wirklich eine positive Performance abwirft. Zudem ist ein High-Watermark-Prinzip bei der Vergütung eingebaut. Das heißt, eine Vergütung erfolgt stets nur dann, wenn das Wikifolio neue Höchststände erreicht.

Wie hoch diese Performance Fee ausfällt, legt der Anbieter einer Handelsstrategie im Voraus fest. Sie kann zwischen 5 und 30 Prozent der erzielten Gewinne ausmachen. Wie viel davon bei Wikifolio hängen bleibt und was der Trader letztlich erhält, entscheidet wiederum der Zuspruch zum Wikifolio, allerdings in harten Euro gerechnet. Zwischen 10.000 und 50.000 Euro investierten Anlegergeldern erhält der Trader 30 Prozent der Gebühren, erst bei mehr als 125.000 Euro sind es 50 Prozent. Ein Wikifolio, das weniger als 10.000 Euro an Anlegergeldern auf sich zieht, geht also leer aus.

Der Partner Lang & Schwarz bekommt einen Teil der Zertifikate-Gebühr und auch der Performance-Gebühr.

Neben den Einkünften durch die Wikifolios selbst kann das Unternehmen mit zunehmendem Erfolg auch den »Content« vermarkten, den die Handelsergebnisse der einzelnen Anbieter darstellen. Auf der Internetseite des Finanzdaten-Anbieters Onvista werden die Wikifolios inzwischen »angefeaturet«.

Das Geschäftsmodell von Wikifolio soll in den kommenden Jahren weiter ausgebaut werden. Bereits im April 2013 startete das Unternehmen im Heimatland Österreich. Dort ist der Online-Broker der Erste Bank, die Brokerjet Bank, der offizielle Partner.

Noch für das laufende Jahr will Wikifolio Dachzertifikate auf den Markt bringen und professionelle Vermögensverwalter an die Plattform binden.

Ein Meilenstein der Startphase war der Einstieg der Verlagsgruppe Handelsblatt, die bereits im November 2011 mit ihrer Tochtergesellschaft vhb digital einen 40-Prozent-Anteil erwarb. Im Februar 2013 konnte Wikifolio dann über eine Kapitalerhöhung zwei weitere Anteilseigner an Bord holen: Der Partner Lang & Schwarz und der Business-Angel-Fonds Speedinvest gehören inzwischen zum Kreis der Anteilseigner.

Bewertung

Wikifolio hat es in der kurzen Zeit seines Bestehens geschafft, das Social Trading um eine Möglichkeit zu erweitern. Handelsstrategien, die von bankenunabhängigen Tradern aufgesetzt werden, in die Form eines Anlageprodukts zu gießen, das gab es bislang noch nicht.

Im Sinne des Social Web ist Wikifolio zudem um Transparenz auf allen Ebenen bemüht. Information über das eigene Unternehmen sowie Information über die einzelnen Tradingstrategien und die Menschen, die dahinterstehen, gehören zum Investieren in der Online-Gemeinde dazu. Der Anleger kauft auf diese Weise nicht die Katze im Sack, wie es bei einigen Anbietern der Fall ist, die nur spärlich über ihre Trader informieren.

Für interessierte private Investoren bieten diese Informationen die Möglichkeit, ganz unterschiedliche Handels- und Anlagevarianten kennenzulernen. Und sie werden ermutigt, es einmal selbst als Betreiber eines eigenen Wikifolios zu versuchen. Ein Schritt in Richtung selbstbestimmte Geldanlage.

Die Verbriefung von Handelsstrategien in Zertifikateform hat eine Reihe von Vorteilen. So können Umschichtungen innerhalb eines Wikifolios ohne Transaktionsentgelte vorgenommen werden. Damit wird die Performance tendenziell verbessert. Zudem fließen Dividendenzahlungen aus Aktienkäufen in den Wert des Zertifikats ein.

Die Zertifikatekonstruktion geht naturgemäß mit einem Emittentenrisiko einher. Wikifolio hat zum Handelshaus Lang & Schwarz inzwischen eine doppelte Beziehung. Einerseits emittiert dieses die Wikifolio-Zertifikate, zum anderen ist Lang & Schwarz auch Anteilseigner von Wikifolio.

Anbieter von Wikifolios und Käufer der Wikifolio-Zertifikate bewegen sich derzeit im Anlageuniversum von Lang & Schwarz. Jeder Trade, ob mit Aktien oder ETFs, läuft im Direkthandel mit dem Handelshaus ab. Damit können unter Umständen schlechtere Ein- und Ausstiegskurse erzielt werden als beim Börsenhandel. Lang & Schwarz garantiert während der Handelszeiten des jeweiligen Referenzmarktes »marktnahe Spreads«. In der Regel liegt der Lang & Schwarz-Spread bei einem ETF, etwa auf den Dax, bei 0,03 Prozent, bei ETFs auf Rohstoffe oder Devisen kann er aber bis zu eimen halben Prozent betragen.

Die Zahl und Art der Instrumente, die für Wikifolios genutzt werden können, ist noch begrenzt. Trader können bislang noch nicht gezielt auf fallende Einzelaktien setzen oder mit größeren Hebeln Bewegungen bei Basiswerten ausnutzen. Eine Reihe von »Short-ETFs« ist allerdings verfügbar.

Mit seinem Start im zweiten Halbjahr 2012 hat Wikifolio einen günstigen Einstieg gehabt. In einer Aufwärtsbewegung der Finanzmärkte konnten die Aktienmarkt-Handelsstrategien gute Performance-Werte hervorbringen. Alle Beteiligten haben davon profitiert.

Das Vergütungsmodell für Trader bei Wikifolio ist ausschließlich an der Performance orientiert. Damit könnten schwache Börsenphasen die Vergütungssituation schnell anders aussehen lassen. Ein Trader verdient in der Baisse nichts, auch wenn er den Markt mit seiner Strategie schlägt. Eine absolut positive Performance zu erzielen wird dann dadurch erschwert, dass Wikifolio bislang noch überwiegend »long«-Instrumente anbietet.

Bei der Eingabe von Trades bot Wikifolio lange nur Kauf- und Verkaufsorders zu einem jeweils garantierten Preis des Handelspartners Lang & Schwarz an. Inzwischen sind auch Limit-Orders möglich, andere Ordertypen aber noch nicht. Für Trader erhöht sich damit der Aufwand bei der Überwachung von offenen Trades.

Checkliste Wikifolio

> Strategieauswahl

Die Spielarten der investierbaren Wikifolios sind inzwischen sehr vielfältig geworden. Reine Stockpicking-Ansätze gibt es ebenso wie charttechnisch orientierte Trader. Anhänger von ETFs haben eigene Strategien aufgesetzt, die als eine Art Dachfonds in verschiedenen Anlageklassen agieren. In jedem Fall sollte man sich als Anleger mit dem jeweiligen Ansatz identifizieren können.

> Handelsansatz

Daytrader oder »Buy and hold«-Stratege? Die Herangehensweise des Wikifolios in der Tradingpraxis sollte überprüft werden. Die Selbstbeschreibung der Wikifolios liefert hier schon wichtige Hinweise. Wer ein Wikifolio nutzen will, um einfach gut ausgewählte Substanzwerte per Zertifikat zu kaufen, sollte keinen Trader wählen, der Chartausbrüche bei Einzelaktien intraday handelt – und umgekehrt.

> Kostencheck

Die Performance-Vergütung wird vom Anbieter des Wikifolios selbst festgelegt. Sie kann zwischen 5 und 30 Prozent schwanken. Eine Kostenbelastung von 30 Prozent der Gewinne ist aus Sicht des Anlegers schon eine deutliche Renditebremse. Wer solch hohe Vergütungen verlangt, sollte auch eine ordentliche Performance liefern können.

> Controlling des Traders

Ob der Betreiber eines Wikifolios seine eigenen Vorgaben in puncto Risiko, Handelsuniversum oder Handelshäufigkeit einhält, ist der Tradingstatistik zu entnehmen, die bei jedem Wikifolio komplett aufgeführt wird. Im Aktienmarkt geht es darum, Rückschläge wegzustecken und Trends möglichst lange durchzuhalten.

> Ein Auge auf den Emittenten

Bei Wikifolio kommt die Performance des Traders nicht direkt im Konto des Followers an, sondern wird über das entsprechende Zertifikat abgebildet. Für den Käufer geht es also darum, zu überprüfen, ob die Transmission klappt. Wird die Wertentwicklung der Trades abgebildet, werden die Dividenden gutgeschrieben, werden die Gebühren korrekt entnommen? Nicht zuletzt sollte der Anleger auch ein Auge auf den Emittenten haben, ein Blick auf die Geschäftsergebnisse von Lang & Schwarz schadet nicht.

3.10 Moneymeets: Fondsrabatte und Musterdepots

Eine Verbindung von Social Trading und vergünstigtem Fondskauf schafft die Kölner Plattform Moneymeets seit November 2012. Die Gründer Johannes Cremer und Dieter Fromm kommen selbst aus dem Bankensystem. Mit ihrer Neugründung haben sie einen wunden Punkt im Vertriebssystem der Finanzbranche getroffen: die mangelnde Transparenz bei Vergütungen im Fondsvertrieb.

Auf Moneymeets kann der Anleger zunächst das tun, was über mehrere Fondsanbieter in Deutschland schon möglich ist, nämlich Investmentfondsanteile ohne Ausgabeaufschlag kaufen. Die Moneymeets-Macher gehen aber noch einen Schritt weiter. Sie veröffentlichen die Rückvergütungen, die sogenannte Innenprovision, die die Fondsgesellschaften eigentlich an den Vertrieb zurückzahlen.

Allein die Veröffentlichung der Prozentsätze, die die Fondsanbieter jährlich für die Provisionen abzwacken, ist in Deutschland schon ein Novum. In der Regel sind dies 0,4 bis 0,6 Prozent des Fondswerts. Entsprechend groß ist die Schmälerung der Rendite für den Anleger, wie Moneymeets in einem Erklärvideo erläutert.

Die Plattform gibt Anlegern die Möglichkeit, einen Teil dieser zumeist versteckten Gebühren zurückzuerhalten. Wie hoch dieser Anteil ist, das regelt Moneymeets über seine Social-Trading-Funktionen. Auch hier gibt es Leader und Follower, allerdings geht es dabei um das Nachbilden eher langfristiger Fondsanlagestrategien. Wer sein Fondsdepot bei Moneymeets über eine der Partnerbanken andockt und der Anlegergemeinde öffentlich macht, erhöht seine Rückerstattungsquote von 25 Prozent der Innenprovision auf 33 Prozent.

Noch mehr bekommt derjenige Fondskäufer, der Anhänger gewinnt, die das Depot des Leaders »verfolgen«. Bis zu 66 Prozent des »Kickbacks« gehen dann an den Leader. Er erhält nicht nur Rückvergütungen beim Kauf seiner Fondsanteile, sondern auch für die seiner Anhänger. Wie hoch der Prozentsatz der Vergütungen ist, die der Leader von den Followern quasi als Prämie vereinnahmt, bestimmt er selbst.

Das Verbinden der Konten von Leadern und Anhängern spielt sich bei Moneymeets im Gegensatz zu vielen anderen Social-Trading-Anbietern eher im größeren Zeitrahmen ab. Der Fondskauf eines Leaders löst eine Mitteilung an die Follower aus, die diese dann zur eigenen Transaktion nutzen können, aber nicht müssen. Zwischen Leader und Follower wird dazu eine Gruppe gebildet, in der die Transaktion veröffentlicht wird und diskutiert werden kann. Zudem erfolgt die Info über eine Transaktion im Leaderkonto per Mail an den Follower. Die Verbindung hat insoweit eher Empfehlungscharakter. Beim eher langfristig gedachten Kauf der Fondsanteile geht es auch weniger um Sekunden und Minuten als bei den hektischen Trades im Forex- oder CFD-Geschäft.

Abgewickelt werden die Käufe und Verkäufe weiterhin bei den Partnerbanken, bei denen der Moneymeets-Kunde ein Depot einrichten beziehungsweise sein bestehendes Depot mit Moneymeets verbinden muss.

Die Software von Moneymeets erlaubt dem registrierten Nutzer eine Reihe von Auswertungsmöglichkeiten beim eigenen Depot, etwa eine detaillierte Übersicht nach Performance, Gewichtung und Risikokennziffern.

Kommunikation über viele Kanäle

Um diese Funktionen zu nutzen, stellt der Moneymeets-Nutzer einen Freischaltungsantrag beim eigenen Broker. Zu diesen Partnern der Plattform gehören bislang die Online-Broker CortalConsors oder die DAB-Bank sowie Fondsplattformen wie eBase oder die Frankfurter Fondsbank (FIL).

ISIN/WKN	Name	$ höchste Innenprovision	$ alternative Anbieter
LU0087798301921807	UBam-Dr. Ehrhardt German Equity AC	0.3645% pa. DAB bank AG	6 weitere Anbieter

Depotbank	Innenprovision
DAB bank AG	0.3645
European Bank for Fund Services	0.252
Cortal Consors S.A.	0.243
FIL Fondsbank GmbH	0.216
Augsburger Aktienbank	0.1848
Fondsdepotbank	0.0

Abbildung 12: Moneymeets – Innenprovision aufgeschlüsselt, Quelle: Moneymeets

Die registrierten Mitglieder will Moneymeets auf verschiedene Weise miteinander in Kontakt bringen. Ähnlich wie beim Business-Netzwerk Xing können interne Nachrichten verschickt werden. Austauschen können sich Nutzer sogar über eine interne Chatfunktion. Das eigene Profil kann, ähnlich wie bei Online-Communitys, individuell justiert werden. Wer seine persönlichen Daten nur bestimmten Nutzern zur Verfügung stellen will, kann dies über entsprechende Einstellungen tun. Komplette Anonymität ist möglich, allerdings nicht im Sinne der Macher hinter Moneymeets.

Ebenfalls vergleichbar mit Business-Netzwerken ist das Forum auf Moneymeets. Zu bestimmten Finanz- und Anlagethemen können offene oder geschlossene Benutzergruppen erstellt werden. Noch tummeln sich allerdings nur wenige Mitglieder aktiv in dem Bereich.

Im »Marktplatz« sind, offen einsehbar, die Leader, die Zahl der Follower und das von beiden Parteien investierte Kapital aufgeführt. Die Zahl der Anbieter, die ihr Depot für Interessierte und potenzielle Anhänger öffnen, ist Mitte 2013 noch überschaubar. Darunter sind einige Finanzberater oder Vermögensverwalter, genauso aber auch die Gründer Dieter Fromm und Johannes Cremer selbst. Während die Leader mit ihrem echten Namen öffentlich Präsenz zeigen müssen, bleiben die Follower und auch die Zaungäste, die die Depots bislang nur in ihre Watchlist aufgenommen haben, anonym.

Mit einem Titel für das Musterdepot und einem optionalen Steckbrief sind die Informationen über die Anbieter jedoch nicht allzu ausführlich. Die ausgewiesenen Beträge, die den öffentlichen Depots auf Moneymeets folgen, sind noch im fünfstelligen Euro-Bereich angesiedelt.

Nach rund einem halben Jahr hat das Volumen der Depots, die die Konditionenvorteile nutzen, bereits einen siebenstelligen Euro-Bereich erreicht. Bei rund 40.000 bis 50.000 Euro bewegt sich laut Johannes Cremer die durchschnittliche Depotgröße der Kunden.

Geschäftsmodell

Die Einnahmequelle bei Moneymeets ist dieselbe, die für die Nutzer einen finanziellen Vorteil bieten soll: die Innenprovision der Fondsgesellschaften. Mindestens ein Drittel dieser Zahlungen fließt an das Unternehmen, gewissermaßen als Prämie für den gelungenen alternativen Vertriebsweg der Fondsanbieter.

Der Anteil, den Moneymeets für sich verbuchen kann, wird höher, wenn die Mitglieder ihre Social-Trading-Möglichkeiten nicht ausschöpfen. Wenn etwa ein Nutzer sein Depot nicht veröffentlicht, erhält er nur 25 Prozent der Vergütungen, 75 Prozent bleiben bei Moneymeets.

Nur veröffentlichte Depots, die bereits Follower gewonnen haben, können den Maximalanteil von 66 Prozent der Vergütungen beanspruchen, Moneymeets muss sich dann mit 33 Prozent begnügen. Aktivität und Kommunikation sollen sich also für die Nutzer auszahlen, Moneymeets sichert über diese Art der Staffelung für sich selbst höhere Anteile, wenn die soziale Komponente der Plattform weniger genutzt wird.

Bewertung

Moneymeets bietet einen echten Mehrwert beim Kauf von Fondsanteilen. Die Kostenvorteile sind zwar im Promillebereich jährlich angesiedelt, läppern sich aber im Laufe mehrerer Jahre je nach Größe des Depots auf einige Prozent.

Für die Erhöhung der Transparenz im Fondsvertrieb kann sich Moneymeets eines Alleinstellungsmerkmals rühmen. Die Fondsangebote werden zudem mit vielen Möglichkeiten der sozialen Interaktion und Kommunikation unterstützt.

Das Konzept, Leader und Follower in einem langfristigen Fondsdepot zu »matchen«, bei dem das Übernehmen einzelner Transaktionen nur Empfehlungscharakter hat, gab es vor Moneymeets ebenfalls noch nicht. Für langfristig orientierte Anleger könnte dies sogar in eine »Social-Vermögensverwaltung« im Austausch mit interessierten Gleichgesinnten, Finanzberatern und Vermögensverwaltern münden.

Die Grenzen der Plattform sind damit zunächst umrissen. Auf der Produktseite spricht Moneymeets vor allem Käufer von aktiv gemanagten Fonds an, denn nur hier kommen die Kostenvorteile zur Geltung. Passive Indexfonds können über die Börse ohnehin zu minimalen Kosten geordert werden. Der direkte Aktienerwerb oder der Handel mit Anleihen, Zertifikaten oder anderen Derivaten steht ebenfalls nicht im Fokus.

Allerdings: Das Unternehmen plant, schon bald auch Versicherungen über die Plattform anzubieten. Dabei sollen für Kunden ähnliche Kostenvorteile durch die Rückerstattung von Provisionen entstehen wie bei den Fonds.

Anleger, die kurzfristige Rendite durch das Verfolgen von Trader-Depots ausnutzen wollen, dürften kaum bei Moneymeets landen. Die Plattform will bewusst keinen passiven Investor, der den Profis alleine die Entscheidungen überlässt, sondern die Information und Transparenz zu Anlageprodukten erhöhen.

Checkliste Moneymeets

> Leader-Auswahl

Was der Top-Trader oder Social Guru auf Mirror-Trading-Plattformen ist, das ist der Leader bei Moneymeets. Auch dieser sollte zum Anleger passen. Risikobereitschaft, Vorlieben für bestimmte Anlageklassen oder Fondskategorien sollten »matchen«.

> Leader-Signal

Bei Moneymeets geht es nicht um Sekunden und Minuten beim Nachvollziehen von Käufen und Verkäufen, sondern eher um Tage oder sogar Wochen. Die Signale eines Leaders über eine Fondstransaktion können in aller Ruhe überprüft und sogar mit diesem diskutiert werden. Warum ist jetzt ein Japan-Aktienfonds interessant? Und wie groß sollte der Anteil am gesamten Fondsdepot dabei sein?

> Fondskosten

Wenn es darum geht, die Innenprovision so niedrig wie möglich zu halten, sollte man bei Moneymeets die Spielregeln beachten. Das eigene Depot zu veröffentlichen, erhöht die Rückerstattungsquote. Wenn man selbst Follower gewinnt, gibt es noch mehr zurück. Als Follower sollte man darauf achten, ob der Leader seine Anhänger bei den Rückerstattungen beteiligt.

> Netzwerk

Moneymeets ist angetreten, um die Transparenz im Finanzmarkt zu erhöhen. Das kann der aktive Teilnehmer der Plattform nutzen, indem er sich in den Foren einbringt und eigene Themen in die Runde der Community wirft.

4 Wegweiser durch den Trading-Dschungel

Die Auswahl an Social-Trading-Plattformen ist in den vergangenen Jahren durch den Einstieg von ayondo, Wikifolio und United Signals auch in Deutschland gewachsen. Zusammen mit den international tätigen Anbietern ergibt sich für Anleger bereits eine Qual der Wahl – und das in mehrfacher Hinsicht. Welcher Anbieter eignet sich am besten für mich? Welchen Broker sollte ich dabei nutzen? Und nicht zuletzt: Welcher Trader und welche Handelsstrategie ist erfolgversprechend?

Pauschale Antworten auf die Fragen gibt es nicht, da jeder private Investor unterschiedliche Ausgangspositionen hat. Die Vorkenntnisse in Sachen Trading sind breit gefächert. Die Bereitschaft, Risiken einzugehen und auch einmal größere Verluste zu »ertragen«, sind ebenfalls individuell stark verschieden.

Natürlich variiert auch die Höhe des Kapitals, mit dem ein Anleger sich zum Beispiel auf eine Mirror-Trading-Plattform einlassen will, ganz erheblich. Und dieses Kapital ist wiederum nur ein kleiner oder schon ein größerer Anteil am gesamten verfügbaren Vermögen eines Followers. Die Antwort auf die oben gestellten Fragen lautet also stets: »Kommt drauf an!«

4.1 Die richtige Social-Trading-Plattform

Besonders Einsteiger in die Welt des Tradings sollten sich beim Einstieg Zeit lassen. Die Plattformen kann man schon über die Informationen auf ihren Internet-Seiten einem ersten Test unterziehen. Sind die Funktionen und der Ablauf verständlich erklärt? Gibt es Materialien wie unterstützende Videos oder Präsentationen, die die Plattform gut veranschaulichen?

Kontaktmöglichkeiten

Gerade für Einsteiger ist der kurze Draht zum Unternehmen wichtig. Leicht findbare Anlaufstellen für mögliche Fragen wären da wichtig. Per Mail oder über Facebook sind selbstverständlich alle der Anbieter erreichbar. Einen deutschen Telefonsupport haben außer den deutschen Anbietern auch eToro und ZuluTrade. Beide verfügen zudem über eine Chat-Funktion.

Bei Covestor sind Mail- und Telefonkontakt möglich, allerdings in englischer Sprache. Currensee hat inzwischen eine deutschsprachige Seite mit einer Mailfunktion, allerdings ohne Telefonkontakt. Die Plattform bietet aber einen Chat-Dienst direkt auf der Homepage an.

Bei Wikifolio mit Sitz in Wien wird auf der Kontaktseite bislang nur eine Support-Mail-Adresse angeboten.

Demokonten sind eine sinnvolle Möglichkeit, eine Social-Trading-Erfahrung zu machen, ohne mit echtem Geld arbeiten zu müssen. Die Funktionen vieler Portale erschließen sich vielfach erst durch das »Learning by Doing«. Covestor, ayondo, ZuluTrade und eToro bieten solche Demozugänge an.

Handelsuniversum

Ein wichtiges grundsätzliches Unterscheidungsmerkmal bei den Anbietern ist das Handelsuniversum, in dem die Trader überhaupt ihre Signale absetzen können. Wer sich im Bereich von Aktien und Fonds als Basiswerte am wohlsten fühlt, findet bei Covestor, Wikifolio und auch Moneymeets eine Reihe von Strategien vor, die ausschließlich auf die Dividendenwerte oder auf Fondsprodukte setzen. Seit einigen Jahren gibt es ETFs, die mit einem Hebel ausgestattet sind oder von fallenden Kursen profitieren. Auch mit so bestückten Depots kann in allen Marktlagen eine positive Rendite eingefahren werden.

Bei den übrigen Anbietern muss zwischen reinen Forex-Plattformen unterschieden werden und solchen, die auch CFDs auf Aktien, Aktienindizes, Rohstoffe und Anleihen im Angebot haben. In den USA sind CFDs nicht erlaubt. Die Anbieter Covestor und Currensee haben entsprechend nur Aktien und ETFs beziehungsweise das Trading mit Devisenpaaren im Angebot. Auch bei ZuluTrade, dessen Hauptsitz in den USA liegt und das von den US-Behörden NFA und CFTC beaufsichtigt wird, sind nur Forex-Produkte im Angebot.

Über CFDs kann auf den übrigen Portalen auch gehebelt auf Aktien, Aktienindizes und Rohstoffe gesetzt werden. Die Zahl der Instrumente ist noch überschaubar. eToro hat rund 20 Handelsinstrumente und ayondo 87 in den Produktlisten. Bei United Signals können alle Basiswerte genutzt werden, die der Partner-Broker anbietet. Im Fall des britischen Brokers FXCM sind das über 100.

Risiko und Chance

Schon die Auswahl der Plattform entscheidet darüber, welche Risiken, aber auch Chancen in puncto Rendite möglich sind. Am »konservativen« Ende rangieren hier erneut Moneymeets, Wikifolio und Covestor, obwohl auch bei den beiden Letztgenannten viele Investments im Aktien- und sogar Fondsbereich in den vergangenen Monaten überaus lukrativ waren. Allerdings ist beim Aktieninvestment natürlich auch ein Totalverlust denkbar.

Prinzipiell liegen die Risiken hier niedriger als beim Spiel mit hoch gehebelten CFDs. Obgleich natürlich auch im Aktienmarkt hohe Verluste möglich sind. Riskantere Papiere aus dem Solarbereich wären ein Beispiel dafür.

Im mittleren Bereich der Risikoskala liegen die Anbieter Currensee und United Signals. Hier sorgen die strikten Zertifizierungsregeln bereits dafür, dass Trader mit allzu hohen Risikovorgaben nicht zugelassen oder eliminiert werden. 100 Prozent Performance pro Jahr auf den Leader Boards sind hier die absolute Ausnahme. Die Tatsache, dass bei Currensee und United Signals nur Signalanbieter mit Echtgeldkonten in der Auswahl sind, senkt tendenziell auch das Risiko. Hier verlieren nicht nur die Follower das Geld, sondern die Signalanbieter verlieren auch ihr eigenes.

100 Prozent? Das schaffen einige der Trader bei eToro, ZuluTrade oder ayondo in einem Monat. Die eher sanften Risikovorgaben der Plattformen, gepaart mit den großen Hebeln, machen es möglich. Bei ayondo und ZuluTrade können Signalanbieter noch mit Demokonten arbeiten und hochlukrative (und -riskante) Strategien ohne eigenen Geldeinsatz fahren.

Den Chancen stehen die entsprechenden Risiken gegenüber. Bei eToro werden sie plattformseitig dadurch ein wenig begrenzt, dass maximal 20 Prozent des Kapitals auf einen Trader gesetzt werden dürfen. Bei ayondo gibt es Vorgaben für die maximale Positionsgröße. Zudem muss bei der Trade-Eingabe stets ein Stop-loss eingegeben werden. Am oberen Ende einer Chancen-Risiko-Skala steht ZuluTrade. Die Plattform hat umfangreiche einstellbare Sicherheitsmöglichkeiten eingebaut. Technisch gesehen ist aber alles möglich. Mit einer einzigen Transaktion eines Traders kann hier der Depotwert verdoppelt oder vernichtet werden.

Kontogröße

Die Einstiegshürden bei den Anbietern rangieren von 50 Euro bis mehrere Tausend Dollar beziehungsweise Euro. Mit niedrigen dreistelligen Euro- und Dollarbeträgen kann man als Anleger bei ayondo und ZuluTrade aktiv werden. Die Wikifolio-Zertifikate sind ebenfalls auch für den kleineren Geldbeutel geeignet.

Covestor, Currensee und United Signals erfordern, je nach ausgewählter Strategie, mehrere Tausend Euro oder Dollar Mindestinvestition. Bei United Signals sind eine Handvoll Strategien aber auch per Zertifikat ab 100 Euro »kaufbar«. Am wenigsten geeignet für kleinere Beträge ist Covestor. Hier liegt die Einstiegshürde bei 10.000 Dollar, es werden also größere Konten angelockt, die zum Beispiel eine Vermögensverwaltung per Social Trading nutzen wollen.

Tradervorauswahl

Die Zahl der Trader, denen der Anleger folgen kann, geht bei ZuluTrade in die Tausende, bei eToro sind rund 450 »Social Gurus« abonnierbar.

ayondo führt ebenfalls mehrere Hundert »Top-Trader« in seinen Rankings, die zahlende Follower anwerben können. In allen Fällen gibt es Performance- oder Risikofilter, mit deren Hilfe die Qual der Auswahl schnell kleiner wird. ayondo hat zudem über seine Karriereleiter einen Filter eingezogen, der Risikokennziffern sowie die »Lebensdauer« der Trader-Karriere berücksichtigt.

Bei Wikifolio geht die Zahl der investierbaren Strategien in Zertifikateform ebenfalls in die Hunderte. Eine Reihe von Vorauswahlmöglichkeiten reduziert hier die Auswahl.

Soll dem Betreiber der Plattform die Vorselektion überlassen werden, ist man bei Covestor, Currensee und United Signals am besten aufgehoben. Die Unternehmen sprechen ausdrücklich Trading-Profis an. Sie sorgen zudem durch einen klar geregelten Zertifizierungsprozess dafür, dass die Anzahl von Strategien und Strategieanbietern überschaubar bleibt. Sehr überschaubar ist die Zahl der Musterdepots derzeit noch bei Moneymeets. Hier findet allerdings keine aktive Selektion statt.

Soziales Netzwerk

Wer als Anleger ins Social Trading eintauchen will, tut das auch oft, weil er Möglichkeiten zum Austausch mit Gleichgesinnten, mit Amateuren, aber auch Profis, sucht. Die vorgestellten Portale unterscheiden sich stark in der Möglichkeit, zu kommunizieren und in den Dialog zu treten.

Eigene soziale Netzwerke haben eToro und ZuluTrade in die Plattform selbst eingebaut. Hier kann munter kommentiert und gepostet werden. Den direkten Draht zu den Tradern gibt es allerdings ebenfalls nur per öffentlichem Kommentar.

Currensee hat sein Angebot mit einem eigenen sozialen Netzwerk ergänzt. Es bietet auch Mail-Funktionen, mit denen Nutzer einander kontaktieren können.

Das gilt auch für Moneymeets und natürlich für sharewise, das allerdings kein Mirror-Trading, sondern nur Musterdepots und vor allem den Community Fonds als Anlageprodukt anbietet.

Bei ayondo ist sowohl die Kommunikation untereinander als auch mit dem Trader über die Plattform selbst nicht möglich. Auf Google + will das Unternehmen aber künftig die Teilnehmer stärker zusammenführen.

Wikifolio hat zwar kein eigenes soziales Netzwerk, stellt aber die besten Trader der »Gemeinde« ausführlich in Interviews vor und ist in Anlegerforen selbst aktiv.

Für United Signals und Covestor schließlich spielt das »soziale« Element zumindest bis jetzt noch eine untergeordnete Rolle. Kontaktmöglichkeiten zwischen Follower und Trader gibt es nur, wenn der Trader dies gestattet.

4.2 Der richtige Broker

Mit der Entscheidung für einen Social-Trading-Anbieter ist oft noch nicht klar, über welchen Broker die Handelssignale denn nun übertragen werden. Die Ansprüche an den Partner, der die Transaktionen im eigenen Konto abwickelt, sollten grundsätzlich hoch sein. Schließlich wird dort das eigene Kapital verwaltet, in Transaktionen oft in Sekundenschnelle umgeschlagen und hoffentlich irgendwann mit Gewinnen wieder abgezogen.

Aufsicht

Der Aufsicht über den Broker sollte große Bedeutung beigemessen werden. In der Regel stehen die Dienstleister, die in Deutschland tätig sind, entweder direkt unter der Kontrolle der deutschen Börsenaufsicht, der Bundesanstalt für Finanzdienstleistungsaufsicht (BaFin). Oder aber sie sind in Deutschland zumindest bei ihr registriert. Dann werden sie etwa von den US-Aufsichtsbehörden SEC, NFA und CFTC kontrolliert, oder aber sie stehen unter Beobachtung der britischen FCA.

Ein Broker, der in der EU von einer der nationalen Aufsichtsbehörden zugelassen ist, muss in Deutschland lediglich eine »Notifizierung« vornehmen lassen. Das ist etwa bei eToro der Fall. Das Unternehmen, bei dem der eigene Broker die Transaktionen der Kunden abwickelt, wurde bis Mai 2013 nur durch die zyprische Aufsicht CySec kontrolliert. Angesichts der Finanzkrise in dem Euro-Mitgliedsland war dies für viele Anleger im Frühjahr 2013 durchaus beunruhigend. eToro war nach eigenen Angaben aber nie in Schwierigkeiten, eigene Gelder auszuzahlen. Die liegen stets bei einer britischen Großbank.

Neben eToro hat seit Mai 2013 auch das deutsche Unternehmen ayondo einen eigenen Broker. ayondo markets ist ein Joint-Venture mit dem britischen CFD-Anbieter Gekko Global Markets. Dieser wird durch die britische Börsenaufsicht beaufsichtigt und unterliegt zudem dem britischen Entschädigungsfonds FSCS (Financial Services Compensation Scheme).

Im Fall der Anbieter Currensee und ZuluTrade kann jeweils eine große Auswahl von Partner-Brokern ausgewählt werden, die je nach Hauptsitz in den USA oder Großbritannien beaufsichtigt werden. Dazu gehören etwa die global agierenden Broker Alpari (UK), FXCM (USA) oder die Citigroup-Tochter CitiFX (USA). Die beiden Letztgenannten sind auch Partner-Broker der Frankfurter United Signals.

ZuluTrade erlaubt den Handel über mehrere internationale Broker, hat aber mit AAAFx einen konzerneigenen Broker, der der griechischen Aufsicht unterliegt.

Bei Wikifolio schließlich ist die Entscheidung über den Handelspartner ebenfalls bereits mit der Wahl des Social-Trading-Anbieters gefallen. Die Käufe und Verkäufe innerhalb der Wikifolios werden über das deutsche Handelshaus Lang & Schwarz abgewickelt, das auch die Zertifikate vergibt. Lang & Schwarz wird durch die BaFin beaufsichtigt.

Keine Wahl haben auch Covestor-Kunden. Der einzige verfügbare Partner, der die Aktien- und ETF-Geschäfte für die Plattform abwickelt, ist Interactive Brokers.

Ein- und Auszahlungen

Bei der Wahl für den geeigneten Broker spielen für viele Anleger auch die Zahlungstransfers eine wesentliche Rolle. Viele von ihnen bieten hier mehrere Möglichkeiten an, etwa per Kreditkarte, PayPal oder Überweisung. Die Kosten dafür sollten eigentlich gegen null gehen. In der Praxis werden für Auszahlungen aber zum Teil Gebühren von 10 bis 25 Euro erhoben. Ärgerlich vor allem für Besitzer kleiner Handelskonten. Nähere Details sollte der Interessent in jedem Fall den AGB oder dem Preisaushang des Brokers entnehmen.

Auch die Dauer der Geldtransfers schwankt von Unternehmen zu Unternehmen. Ein bis zwei Arbeitstage sind üblich, bei eToro etwa kann sich der Kunde sogar auf bis zu fünf Tage einstellen.

Gut zu wissen ist es, wo das Geld der Anleger überhaupt aufbewahrt wird. In der Regel geschieht dies bei internationalen Großbanken oder auch deutschen großen Instituten. Wer seine Einlage in Deutschland aufbewahrt sehen möchte, sollte dies bei der Auswahl des Brokers bereits klären.

Kleine Konten, große Konten

Die Mindesteinlage, die zur Eröffnung eines Broker-Kontos nötig ist, schwankt zwischen wenigen Hundert bis einigen Tausend Euro oder Dollar. Wer als Social-Trading-Anleger mit kleineren Beträgen starten will, kann zum Beispiel bei eToro bereits mit 50 Euro, bei ayondo mit 100 Euro einsteigen. Beide Unternehmen haben ihren eigenen Broker »an Bord«. Und über den Handel von kleinsten Kontraktgrößen (Microlot) stellen sie auch sicher, dass kleine Konten die Trades der Gurus oder Top-Trader proportional nachvollziehen können.

Mini- und Microlots, mit denen etwa ein Zehntel oder Hundertstel eines Dax-Kontraktes gehandelt werden kann, bieten nicht alle Broker an, die mit einer oder mehreren Social-Trading-Plattformen verbunden sind. Currensee oder United Signals geben daher eine Mindestgröße für ein Konto vor, das einer bestimmten Strategie folgen soll.

Spread

Die Differenz zwischen An- und Verkaufspreis der Handelsprodukte, der Spread, ist ein wichtiger Entscheidungsfaktor für oder gegen einen Broker. Besonders wer auf Tradingstrategien mit hohen Transaktionszahlen setzt, sollte auf möglichst niedrige Spreads achten. Bei Social-Trading-Anbietern, die sich über den Spread finanzieren, werden die Spreads der Partner-Broker stets um ein oder zwei Punkte oder Pips erweitert. Bei ayondo und eToro wird dies durch die eigenen Broker erledigt, bei ZuluTrade wird der Spread bei den angedockten Brokern erweitert, um sowohl das Unternehmen als auch die Trader und nicht zuletzt die »Affiliates« zu bezahlen, die ZuluTrade neue Kunden verschaffen.

Bei den Partner-Brokern von Currensee und United Signals sollte man die angebotenen Spreads genau vergleichen. Oft gibt es mehrere Modelle, nach denen der Spread entweder »fix« oder variabel vereinbart werden kann. In diesem Fall wird er in Märkten mit schnellen Auf- und Abwärtsbewegungen zumeist deutlich erweitert, in ruhigen Börsensituationen liegt er aber unter dem fixen Spread.

Slippage

Slippage, zu Deutsch »Schlupf«, ist ein Effekt, der im Devisen- und CFD-Handel generell zu beachten ist. Er bezeichnet die Differenz zwischen dem Kurs, zu dem ein Trade beauftragt wurde, und dem Kurs, zu dem er tatsächlich ausgeführt wurde. In der Regel sind dies maximal ein paar wenige Punkte oder Pips.

Wenn Systeme kopiert werden, die mit hohen Transaktionszahlen ihre Gewinne einfahren, können für den Anleger unangenehme Renditeverluste die Folge sein. Wer bei 100 Trades im Monat zum Spread von jeweils zwei Punkten noch einmal durchschnittlich zwei oder drei Punkte Slippage »bezahlen« muss, spürt diesen Effekt am Monatsende schmerzhaft. Slippage tritt vor allem bei Märkten auf, die sich schnell bewegen, also stark volatil sind.

Da die Größenordnung von Slippage-Effekten abhängig vom jeweiligen Markt ist und die Broker kaum Aussagen dazu machen, sollte der Anleger die ausgeführten Transaktionen bei seinem Broker regelmäßig auf die ungewollten Differenzen überprüfen.

Gebühren

Auch wenn der Handel mit Forex-Produkten und CFDs im Wesentlichen über den Spread finanziert wird, entstehen bei einigen Brokern Transaktionskosten, wie sie beim Aktien- oder Zertifikate-Kauf üblich sind. Dabei wird ein Prozentsatz des eingesetzten Kapitals als Transaktionsgebühr berechnet. Oft werden solche Gebühren nur bei bestimmten Produkten erhoben, wie zum Beispiel Aktien-CFDs. Ein klarer Nachteil also für den Anleger, wenn »sein« Trader ausgerechnet mit diesen Basiswerten handelt.

Kosten entstehen auch, wenn Positionen über Nacht gehalten werden. Für das »geliehene« Kapital wird eine Art Leihgebühr erhoben. Sie orientiert sich am Geldmarktzins und schlagen darauf zwei bis drei Prozent auf.

Bei Käufen und Verkäufen, die innerhalb eines Tages, also intraday, erfolgen, berechnen die meisten Broker keine Gebühren. Wer aber wiederum Strategien folgt, bei denen die durchschnittliche Haltedauer zwei oder drei Tage beträgt, sollte bereits bei der Wahl des Brokers auf möglichst niedrige »Overnight«-Kosten achten.

Technische Anbindung

Bei der Software, die der Anleger nutzen möchte, geht es um Funktionalität und Mobilität. Die populäre Handelssoftware Metatrader bietet viele Möglichkeiten der Analyse und Charttechnik und zudem eine Vielzahl von Order-Typen und Verwaltungsoptionen. Der Einsatz von Metatrader ist bei den meisten Brokern möglich, jedoch nicht bei allen.

ayondo markets etwa, das Joint-Venture mit Gekko Global Markets, nutzt noch eine eigene Handelsapplikation, plant aber die Einbindung des Metatraders auf mittlere Sicht. Bei Covestor nutzen Model Manager und Anleger die Handelsoberfläche von Interactive Brokers, Currensee stellt die Verbindung seiner Trade Leader und ihrer Follower über eine »Metatrader-Bridge« her. Bei eToro ist die Einbindung von Metatrader nicht vorgesehen, das Unternehmen bietet jedoch mehrere Handelsplattformen für seine Kunden an.

Auch wenn der Metatrader nicht verfügbar sein sollte, die Handelsapplikationen der CFD-Anbieter liefern zumeist eine Vielzahl von Möglichkeiten, von verschiedenen Order-Typen über die Chartanalyse bis zum Überblick über die Transaktionshistorie und über Performancekennziffern des eigenen Kontos.

Im mobilen Internet ist der mobile Zugang zum eigenen Broker gefragter denn je. Apps für das iPhone oder iPad und für Android-Smartphones und -Tablets gehören fast schon zum Standard. Weniger weit verbreitet sind eigene Apps für Blackberry-Nutzer.

Support

Geldgeschäfte sind Vertrauenssache. Ein direkter, verlässlicher Draht zum eigenen Broker schafft Vertrauen. Bei eToro und der ayondo-Tochter ayondo markets hat man mit dem Kontakt zur Social-Trading-Plattform praktisch schon die Verbindung zum Broker, beide bieten Support per Telefon und E-Mail in deutscher Sprache, eToro hat auch einen Chat-Client im Dienst.

Die großen CFD- und Forex-Anbieter wie FXCM, Alpari oder AVAFx verfügen ebenfalls alle über deutschsprachige Help-Desks, die per Mail und Telefon fast rund um die Uhr erreichbar sind, teilweise gibt es auch einen Rückrufservice.

Mit einem Wikifolio-Zertifikat hat der Anleger das komplette Handelssystem bereits eingekauft. Unterstützung bieten hier bei Fragen Wikifolio per Mail und das Handelshaus Lang & Schwarz selbst, dessen Tradecenter in Düsseldorf telefonisch erreichbar ist.

Generell hilfreich bei der Suche nach dem geeigneten Broker sind eine Reihe von Vergleichsportalen im deutschen Internet. Dazu gehören etwa die Seiten »Broker-Test.de« oder »Broker-Bewertungen.de«. Bei Letzterer finden aussagekräftige Erfahrungsberichte von Nutzern Platz.

4.3 Der richtige Trader

Wer ist der »Social Guru«, der »Top-Trader« oder der »Trade Leader«, dem man sein Geld anvertrauen kann – in der Hoffnung, dass es sich vermehren möge? Beim Mirror-Trading oder Copy-Trading ist beinahe alles möglich. Eine Verdopplung des Einsatzes binnen kurzer Zeit, moderate Gewinne oder kleine Verluste – aber auch die Implosion des eigenen Kontos auf dem Rücken eines Geld fressenden und Verluste speienden Monsters.

Die Versuche, die traumhaften Gewinne nachzuvollziehen, die in manchen Rankings so verlockend erscheinen, scheitern in der Praxis ganz überwiegend. Die Gründe dafür liegen auf der Hand: Die große Mehrzahl der Trader schafft es nur für einen sehr überschaubaren Zeitraum, den Markt um das Vielfache zu schlagen. Diese Trader gehen enorm hohe Risiken ein, um kurze Zeit als Sterne auf den Top-Positionen der Portale aufzutauchen – und dann einige Wochen oder Monate später als Sternschnuppen zu verglühen.

Diejenigen Signalanbieter, die über mehrere Jahre immer wieder für kurze Zeit mit hohen Wertzuwächsen im dreistelligen Prozentbereich auf Jahressicht auf sich aufmerksam machen, erreichen dies nur um den Preis eines hohen Risikos, das mit einer hohen Schwankungsanfälligkeit einhergeht.

Rätsel geben vielen Anlegern die zeitweiligen Stars der Szene auf. Monatelang häufen sie scheinbar unbeirrt Gewinne auf, um dann binnen weniger Tage oder Wochen ebenso heftige Einbrüche zu verbuchen. Ein näherer Blick auf die Verlusttrades zeigt auch hier: Es wurde mit großen Positionen lange auf die richtige Richtung in einem Markt gewettet, doch irgendwann ist die Glückssträhne zu Ende.

Wer sich mit einem solchen Chancen-Risiko-Profil eines Traders wohlfühlt und auf den »Verdoppler« hofft, findet vor allem bei eToro, ZuluTrade und auch bei ayondo eine Auswahl von »Kursraketen«. Mit möglichst begrenztem Kapitaleinsatz kann man sich in der Regel auf eine aufregende Achterbahnfahrt gefasst machen. In jedem Fall sollten die vielen Transaktionen im Blick gehalten werden. Spätestens wenn der Trader nach kleineren Verlusten das Risiko weiter erhöht, um wieder auf die Gewinnerstraße zu kommen, ist Vorsicht geboten. Gleiches gilt, wenn er bei offensichtlichen Trends in dem einen oder anderen Markt starr an der Gegenposition festhält, auch wenn dadurch immer größere Verluste entstehen. Wenn der Trader die Reißleine nicht ziehen will – der Follower sollte es tun!

Wie sieht aber nun eine Traderauswahl aus, bei der eine längerfristige gute Rendite angepeilt wird? Und das ohne allzu große Verwerfungen im Performancechart und in den Konten der Follower?

Strategie

Der Handelsansatz eines Traders ist ein wichtiges Kriterium, auch für Follower. Er sollte mit der eigenen Überzeugung in Einklang stehen, was zum Beispiel die genutzten Basiswerte und den Zeithorizont angeht. Wer die Chancen im Rohstoffmarkt nutzen will, findet in einem Daytrader, der auf Währungen oder Aktienindizes spezialisiert ist, nicht den richtigen Partner.

Wer wiederum als Follower Positionen nicht über mehrere Tage halten möchte, sollte einen Signalanbieter nutzen, der den Ein- und Ausstieg stets intraday schafft.

Eine gute Strategiebeschreibung sollte eine Reihe von Informationen liefern: Etwa ob das Handelssystem »mechanisch« abläuft, also Signale zum Kauf oder Verkauf stur nach genau definierten Vorgaben erzeugt werden. Oder ob der Trader »diskretionär« handelt, also zum Beispiel nachrichtengetrieben seine Transaktionen eingeht.

Der Erläuterung sollte man entnehmen können, welche Risiken der Anbieter eingehen will, also wie groß die Position in Bezug auf das eingesetzte

Kapital ist, und welche Verluste pro Trade höchstens anfallen können. Eine Positionsgröße von ein bis zwei Prozent (bei gehebelten Produkten wie CFDs) und ein ebenso großer Maximalverlust pro Trade sollten nicht deutlich überschritten werden.

Track Record

Eine Reihe von Zahlen sagt manchmal mehr als tausend beschreibende Worte. Die Liste der Transaktionen sollte möglichst lange zurückverfolgt werden. So kann man auf lange Sicht überprüfen, ob der Trader seine eigenen Vorgaben auch einhält. Die Tradinghistorie zeigt auch, ob und wie die Strategie funktioniert. Ein Track Record, der für drei oder vier Monate Gewinner in Serie ausweist, bedeutet unter Umständen nur, dass ein Anbieter das Glück lange auf seiner Seite hatte. Oder dass es starke Markttrends gab, die er schlicht mitgenommen hat. Eine »Lebensdauer« von einem Jahr ist ein besserer Indikator für den langfristigen Erfolg einer Strategie. In aller Regel muss ein Signalgeber in einem solchen Zeitraum mit unterschiedlichen Marktsituationen klarkommen – und auch einmal einen größeren Verlust wieder aufholen. Wer das souverän geschafft hat, könnte einen Einsatz wert sein.

Risikokennziffern

Eine funktionierende Strategie sollte das Risiko wirksam begrenzen. Wichtigstes Maß für Risiko ist klassischerweise die Volatilität, also die Schwankungsanfälligkeit bei einem Anlageprodukt. Hochriskante Systeme schwanken innerhalb eines kurzen Zeitraums, in der Regel innerhalb eines Monats, oft um 30 oder sogar 50 Prozent. Risikoarme Ansätze kommen mit Schwankungsbreiten deutlich im einstelligen Bereich aus.

Der maximale Verlust, oder Drawdown, ist einerseits ein Hinweis auf das Risiko, das ein Signalgeber fährt. Andererseits gibt er auch Aufschluss über die Strategie selbst. Trendfolgestrategien etwa produzieren regelmäßig in Seitwärtsphasen höhere Drawdowns, weil sie dann gerne Fehlsignale erzeugen. Systeme, die nur intraday aktiv werden, um etwa charttechnische Ausbrüche schnell auszunutzen, sind von längerfristigen

Trends eher unberührt. Generell signalisieren Drawdowns von zehn bis maximal 20 Prozent einen Ansatz mit deutlich längerer Lebenserwartung als ein Handelsverhalten, das den Kontostand um 30, 40 oder 50 Prozent nach unten befördert.

Stop-loss

Keine Kennziffer im eigentlichen Sinn, aber eine klare Maßnahme zur Risikobegrenzung sind Stop-loss-Orders. Sie sorgen dafür, dass eine Handelsposition automatisch bei Unter- oder Überschreiten eines bestimmten Kursniveaus ausgebremst, sprich, verkauft wird. Besonders in jäh fallenden oder steigenden Märkten ist der Stop-loss eine unverzichtbare Verlustbegrenzung. Das richtige Setzen solcher Orders kann gewaltige Performanceunterschiede bedeuten. Viele erfolgreiche Trader passen das Stop-loss-Niveau an, wenn sich eine Position in die gewünschte Richtung entwickelt. Sie sichern damit frühzeitig Gewinne oder halten Verluste klein. Um die Stop-loss-Praxis des jeweiligen Traders zu studieren, empfiehlt sich einerseits ein tiefer Blick in die Transaktionshistorie, aber auch auf die offenen Positionen und die Änderungen, die der Experte beim Stop-loss-Level vornimmt. Gut, wenn ein Anbieter diese Einblicke gewährt.

Trefferquoten und Gewinngrößen

Was ist besser: viele kleine Gewinne und dann ein großer Verlust oder viele kleine Verluste und dann ein großer Gewinn? Die erste Variante sieht zumindest optisch attraktiver aus. Trefferquoten von 90 oder 95 Prozent beeindrucken vor allem Einsteiger in Sachen Trading. Wenn ein Trader es schafft, fast alle seine Handelsaktionen im Gewinn zu landen, was kann dann noch schiefgehen? Bei eToro sind regelmäßig Social Gurus zu bewundern, die sogar eine Trefferquote von 100 Prozent über mehrere Monate haben – und trotzdem Verluste bei ihren Followern verursachen. Das Geheimnis der Bilanzkosmetik in Sachen Tradingstatistik liegt in den offenen Trades. Eine Transaktion, die im Verlust steht, wird einfach so lange gehalten, bis sie sich doch noch in die Gewinnzone bequemt. Eine Taktik, die nie ein Happy End hat, zumindest nicht für die Anhänger und ihre Depots.

Trefferquoten von Tradern, die langfristig erfolgreich sind, rangieren oft zwischen 40 und 80 Prozent. Entscheidend ist jedoch immer, wie hoch der Erfolg aller Trades im Durchschnitt ist. Aus Sicht eines Followers auf einer Mirror-Trading-Plattform ist es in der Regel sogar sinnvoller, Trader mit wenigen großen Treffern zu nutzen als solche mit vielen kleinen. Der Spread und Slippage-Effekte, die beim Broker selbst oder beim Kopieren von Trades entstehen, zeigen Wirkung. Sie knabbern an den vielen kleinen, hart erkämpften Gewinnen relativ stärker als an den wenigen Volltreffern.

Die Fähigkeit eines Traders, Gewinne laufen zu lassen und Verluste ohne Rücksicht auf Statistiken zu begrenzen, ist selten. Sie ist an sich schon ein Hinweis auf seine Eignung als Signalgeber. Denn sie zeigt, dass er sich über die Mechanismen hinwegsetzen kann, die die Amateur-Trader immer aufs Neue plagen: Immer wieder steigen sie zu früh aus einem erfolgreichen Trade aus, denn »sicher ist sicher«. Und genauso oft kann sich der Hobby-Trader nicht von Trades trennen, die immer weiter in die Verlustzone trudeln. Gier und Angst, zwei allzu menschliche Gefühle, sind schwer zu besiegen.

4.4 Rechtliches: Wer Anbieter und Trader kontrolliert

Geldanlage abseits der gewohnten Umgebung aus Banken, Fondsgesellschaften oder professionellen Vermögensverwaltern – das wirft auch rechtliche Fragen auf: Einerseits: Wer kontrolliert die Anbieter von Social-Trading-Plattformen? Und andererseits: Sind die Signalgeber, die ihre »Dienste« auf den Portalen anbieten, eine Art Vermögensverwalter auf privater Basis?

Die gesetzlichen Grundlagen für Bankgeschäfte und Finanzdienstleistungen in Deutschland hat das Kreditwesen-Gesetz (KWG) geschaffen. Es hat die beiden Hauptzwecke, die Kreditwirtschaft funktionsfähig zu erhalten und Gläubiger von Kreditinstituten vor dem Verlust ihrer Einlagen zu schützen.

Im Wertpapierhandelsgesetz (WpHG) wird der gesetzliche Rahmen abgesteckt, innerhalb dessen sich Geschäfte mit Wertpapieren wie Aktien, aber auch Derivaten abspielen müssen. Das WpHG regelt auch die Beratungs- und Veröffentlichungspflichten der betroffenen Unternehmen.

Beide Gesetze verweisen auf die Bundesanstalt für Finanzdienstleistungsaufsicht, BaFin, als Kontrollinstanz. Sie ist damit sowohl als Bankenaufsicht wie auch als Wertpapieraufsicht tätig. Wer also in Deutschland eine Bank gründen oder einen gewerblichen Wertpapierhandel starten will, braucht eine Genehmigung der Behörde. Den Handel mit Wertpapieren überwacht die BaFin, um zum Beispiel Missbrauch wie Insiderhandel oder Kursmanipulationen unterbinden zu können.

Dennoch gibt es in Deutschland Finanzdienstleister, die nicht direkt von der BaFin beaufsichtigt werden und kein eigenes Genehmigungsverfahren durch die Behörde hinter sich haben. Dies ist dann der Fall, wenn die Firmen ihren Sitz im EU-Ausland haben und zum Beispiel von der Aufsichtsbehörde ihres Heimatlandes überwacht werden. Im Bereich der Social-Trading-Angebote gilt dies für eine Reihe von CFD-Brokern, die von der britischen Aufsichtsbehörde FCA kontrolliert werden.

Auch die Social-Trading-Plattform eToro, bei der ein eigener Broker die Handelsgeschäfte abwickelt, ist ein solcher Fall. eToro wird durch die zyprische Börsenaufsicht CySec überwacht. Im Mai hat eToro zusätzlich eine Zulassung durch die FCA erhalten.

Die Finanzdienstleister aus dem EU-Raum sind der BaFin aber durchaus bekannt. Sie müssen sich über ein Notifizierungsverfahren bei der Behörde registrieren lassen, um ihre Dienste hierzulande anbieten zu können. Grundlage dieser europäischen Harmonisierung ist die Finanzmarktrichtlinie MiFID (Markets in Financial Instruments Directive), die 2007 nach der Verabschiedung durch das Europäische Parlament in Kraft getreten ist.

Eine Reihe von Social-Trading-Anbietern werden selbst nicht durch die BaFin beaufsichtigt, üben ihre Tätigkeit aber unter dem Haftungsdach eines anderen Finanzdienstleisters aus, der wiederum eine BaFin-Lizenz hat. Dies ist etwa bei ayondo der Fall, das unter dem Dach der Donau

Capital Wertpapier AG arbeitet. Der hauseigene Broker von ayondo wiederum, ayondo markets, wird von der britischen Börsenaufsicht überwacht.

Die Datenbanken der BaFin weisen alle bei der Behörde registrierten Finanzunternehmen aus. So findet sich eToro etwa in der Unternehmensdatenbank als »grenzüberschreitender Dienstleister gem. § 53b KWG« wieder. Die Datenbank der »vertraglich gebundenen Vermittler« wirft sharewise, United Signals und ayondo aus – jeweils mit den verbundenen Unternehmen, die das Haftungsdach zur Verfügung stellen.

Aus Sicht der Trader auf Social-Trading-Plattformen und ihrer Anhänger, der Follower, stellt sich auch die Frage nach dem Status des Signalgebers. Führt dieser eine Art Vermögensverwaltung für die Anleger aus, die seinen Hinweisen und Tipps folgen? Nach Angaben der BaFin ist dies zunächst nicht der Fall. Das reine Kopieren oder Nachhandeln von Trades bietet dem Trader noch keinen direkten Zugriff auf das Konto des Verfolgers. Dieser hat jederzeit die volle Verfügungsgewalt über sein Kapital. Ob und welche »möglicherweise erlaubnispflichtigen Dienstleistungen« eine Person anbietet, müsse aber im Einzelfall geprüft werden, so die Sprachregelung der Behörde. Gut möglich also, dass in den kommenden Jahren einige solcher Prüfungen bei Social-Trading-Plattformen und ihren Tradern anstehen.

5 Vom Kollektiv zum Fonds

Das Social Web hält für Anleger nicht nur Zertifikate, CFDs und Forex-Produkte bereit. Bereits seit drei Jahren sind auch Investmentfonds in Deutschland erhältlich, die die Möglichkeiten dieses »Mitmach-Internets« nutzen.

Dabei sind die Spielarten ganz unterschiedlich. Die Fonds werden zum Beispiel durch die Aktienfavoriten der Investoren selbst bestimmt. Oder sie beziehen ihre Anlageentscheidungen aus Empfehlungen einer bestimmten Gruppe in einem sozialen Netzwerk.

Alle Fondsanbieter berufen sich auf die »Schwarmintelligenz«, die »kollektive Intelligenz« oder die »Weisheit der Vielen«. Die Ansätze dazu, wie diese zu ermitteln oder anzuwenden ist, unterscheiden sich aber klar voneinander.

Vor allem für Anleger, die sich abseits der altbekannten Fonds- und Bankenbranche umschauen wollen, können die »Kollektiv-Fonds« eine echte Alternative sein. Genau wie viele der Tradingansätze, die über Derivate umgesetzt werden, bieten die Fondsprodukte der neuen Art mehr Transparenz, mehr Unabhängigkeit und Selbstbestimmung für die Investoren.

Ob am Ende auch mehr Rendite und Sicherheit für den Anleger 2.0 herausspringen, muss sich erst noch zeigen. Die Ansätze sind in jedem Fall interessant. Genau wie bei den Besten der Trader auf den Mirror-Trading-Plattformen geht es um die Frage, ob durch das Social Web bessere Ergebnisse möglich sind als in den Bankentürmen.

Als Sondervermögen, das gesetzlich geschützt ist, haben Fonds gerade für sicherheitsbewusste Anleger einen Grundvorteil. Das Risiko einer Emittentenpleite ist ausgeschaltet. Zudem finden sich in der Mehrzahl der Produkte Aktien. Für viele private Investoren ist dies ein Kaufargument im Vergleich zu den »Kunstprodukten« wie Zertifikaten oder CFDs.

5.1 Investtor Mitmachfonds

»Wir sind der Fonds« – unter diesem Motto wurde bereits vor drei Jahren »Deutschlands erster Mitmachfonds« gegründet. Die Idee dahinter ist einfach und doch revolutionär: Jeder Anteilseigner bestimmt mit, welche Aktien ins Fondsvermögen wandern. Seine Empfehlung ist mit seinem eigenen Geld verbunden, denn nur wer in den Fonds selbst investiert, darf auch Einfluss auf dessen Zusammensetzung nehmen. Und verbunden ist sich die Gesamtheit der Investoren in einer Vermögensanlage, die das »Kollektiv« selbst kreiert hat.

Der Multi-Structure-Investtor-Fonds hat das Social Trading im Juni 2010 um eine Variante bereichert. Als Fondsgründer agierte die Top Vermögen AG aus Starnberg, deren Marke die Investtor ist. Sie managt auch den Fonds. Die Fondsverwaltung liegt in den Händen der Axxion, mit Sitz in Luxemburg, die auf die Auflage von kleineren Fondsemissionen spezialisiert ist.

Als Nischenprodukt mit einem Volumen von zwei Millionen Euro und einem privaten Investorenkreis von rund 100 Teilnehmern kann der Fonds auch drei Jahre nach seinem Start noch bezeichnet werden. In puncto Wertentwicklung hat sich das Produkt wacker geschlagen. 2012 legte der Fondspreis deutlich zu, in einem allerdings sehr guten Aktienjahr. Investtor-Mitgründer Michael Thaler freut sich regelmäßig über die vergleichsweise niedrigen Schwankungen im Anteilswert, die seiner Meinung nach eher einem Mischfonds als einem reinen Aktienfonds entsprechen. Der Fonds kann seine Aktienpositionen reduzieren und stattdessen »Kasse« halten, wenn es kein klares Votum für ausreichend viele Einzelwerte gibt.

Die Aktien, die die Teilnehmer an dem neuartigen Finanzprodukt auswählen, stammen aus einem Universum von 250 Papieren, zumeist Anteile internationaler Großkonzerne mit hohem Börsenwert. Die Auswahl orientiert sich stark am Welt-Aktienindex MSCI World. Dax-Aktien wie Eon, Linde oder Bayer finden sich häufig unter den größten Postionen. Nach dem Regelwerk des Investtor-Fonds gibt es keine allzu großen Unterschiede in der Gewichtung der Titel. Mindestens zwei und maximal vier Prozent darf der Anteil einer Aktie im Fondsvermögen betragen. Die Anzahl der Aktien schwankt damit stets zwischen 25 und 50.

Eine Zustimmungs- und Ablehnungsquote innerhalb der Gesamtheit der Investoren sorgt für die Auswahl der Aktien, die in den Fonds aufgenommen werden. Sie wird aus den Empfehlungen der Fondskäufer ermittelt.

Bei der Angabe der jeweiligen Aktienfavoriten durch die Teilnehmer legt Investtor Wert auf eine unabhängige, unbeeinflusste Entscheidung. Kollektive Intelligenz, die auch das Team um Thaler nutzen will, sei nur so zu erzeugen.

2.000 Euro Mindestbeteiligung

Eine solche Empfehlung kann jederzeit erfolgen, je nachdem, ob und wann eine Aktie durch die Teilnehmer gerade favorisiert wird. Abgestimmt wird über die Plattform von Investtor, auf der sich die »Mitfonds-Manager« registriert haben.

Sinkt die Stimmung für eine Aktie in der Auswertung, wird sie durch eine Aktie ersetzt, die eine höhere Zustimmung der Fondsmitinhaber auf sich vereint.

Um in den Kreis der Investoren zu kommen, genügt inzwischen eine Einmalanlage von 2.000 Euro. Laut Investtor konnte die Eingangshürde von ursprünglich 4.000 Euro halbiert werden, weil der interne Verwaltungsaufwand verringert werden konnte. Auch über einen Sparplan kann der Fonds gekauft werden, allerdings ist dies bislang nur über ein Depot bei der DAB-Bank möglich.

Der Fonds wartet mit moderaten Kosten für den Käufer auf. Die Managementgebühr liegt bei einem Prozent jährlich, der Ausgabeaufschlag je nach ausgebender Bank oder Broker zwischen null und einem Prozent.

Der Investtor hat 2011 rund 8,5 Prozent an Wert verloren, 2012 lag das Kursplus bei knapp zehn Prozent und in den ersten fünf Monaten 2013 erreichte er einen Wertzuwachs von fünf Prozent. Damit hat der Investtor mit der eigenen Benchmark, dem MCSI World, nicht mithalten können. Durch die Möglichkeit, Liquidität aufzubauen, pufferte der Fonds aber Baissephasen etwas besser ab als die Aktienmärkte selbst.

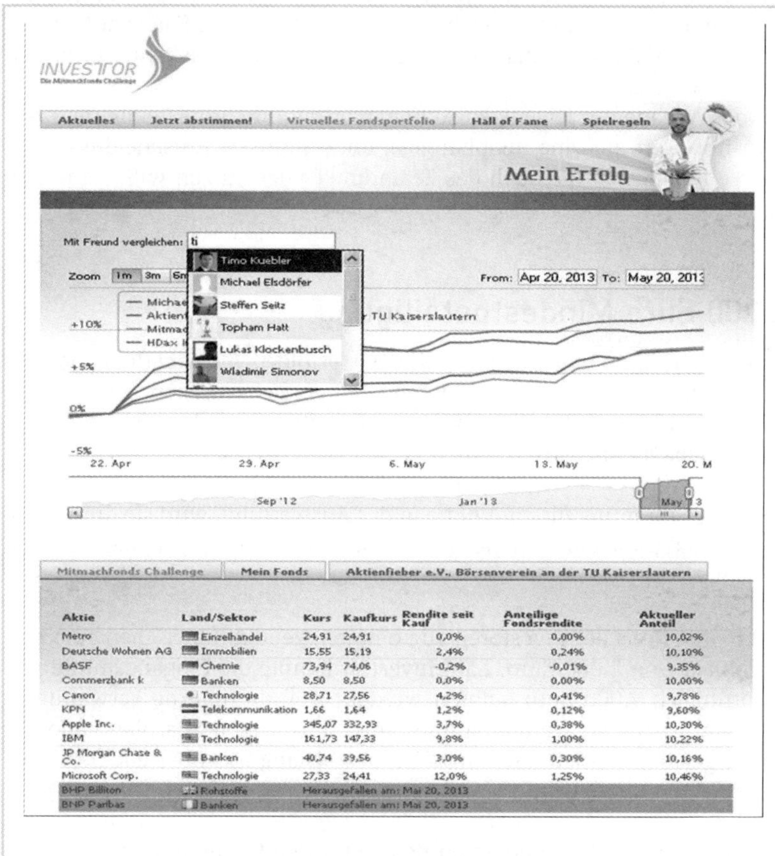

Aktie	Land/Sektor	Kurs	Kaufkurs	Rendite seit Kauf	Anteilige Fondsrendite	Aktueller Anteil
Metro	Einzelhandel	24,91	24,91	0,0%	0,00%	10,02%
Deutsche Wohnen AG	Immobilien	15,55	15,19	2,4%	0,24%	10,10%
BASF	Chemie	73,94	74,06	-0,2%	-0,01%	9,35%
Commerzbank k	Banken	8,50	8,50	0,0%	0,00%	10,00%
Canon	Technologie	28,71	27,56	4,2%	0,41%	9,78%
KPN	Telekommunikation	1,66	1,64	1,2%	0,12%	9,60%
Apple Inc.	Technologie	345,07	332,93	3,7%	0,38%	10,30%
IBM	Technologie	161,73	147,33	9,8%	1,00%	10,22%
JP Morgan Chase & Co.	Banken	40,74	39,56	3,0%	0,30%	10,16%
Microsoft Corp.	Technologie	27,33	24,41	12,0%	1,25%	10,46%
BHP Billiton	Rohstoffe	Herausgefallen am: Mai 20, 2013				
BNP Paribas	Banken	Herausgefallen am: Mai 20, 2013				

Abbildung 13: Größte Positionen im Investtor, Quelle: Investtor

Die Schwankungsanfälligkeit in den vergangenen Jahren lag mit knapp zehn Prozent in der Tat unter der vieler anderer Fonds mit Aktienschwerpunkt. Unter Performancegesichtspunkten rangiert der Fonds im Mittelfeld der in Deutschland erhältlichen Produkte, deren Zahl bei mehreren Tausend liegt. Dass die Teilnehmer am Mitmachfonds tatsächlich die besseren Stockpicker sind, diesen Beweis müssen sie erst noch antreten.

Das Team um Michael Thaler hat bereits an einigen Stellschrauben gedreht, um die Auswahl der Aktien für den Fonds renditeträchtiger zu gestalten. Dazu sollen unter anderem die besten Tippgeber unter den Investoren identifiziert werden. Dabei sind deren Empfehlungen der zurückliegenden drei Monate maßgebend. Ein »Fonds-Leader«-Prinzip will Investtor so einführen.

Vom Prinzip der gleichberechtigten Empfehlungen der Fondseigner nimmt Investtor damit Abschied. Gleiches gilt für eine weitere Regel, die in den ersten Jahren prägend war. Denn ab der zweiten Jahreshälfte 2013 werden nicht nur die Anlagefavoriten aus dem Kreis der Fondsteilnehmer berücksichtigt – auch die Besten der »externen« Sympathisanten des Fonds fließen mit ihren Empfehlungen ein. Hier gibt die Auswertung eines mehrmonatigen Zeitraums vor, welche Lieblingsaktien auch wirklich ins Fondsvermögen wandern oder von welchen Anteilen sich der Fonds trennt.

Mit dem Relaunch 2013 startet Investtor nicht zuletzt eine kleine Transparenzoffensive. Der Interessent außerhalb der Investorenschaft bekommt mehr Einblicke in die aktuelle Fondsstruktur und die Transaktionen, die vorgenommen werden. Künftig wollen die Macher von Investtor auch stärker darüber informieren, wie sich die »Leader« innerhalb der Anlegergemeinde verhalten; welche Werte sie jeweils präferieren und welche Märkte, Branchen oder Regionen sie für aussichtsreich halten.

Mitmachaktionen laufen auf der Investtor-Plattform bereits seit einiger Zeit. In einem »Challenge-Wettbewerb« können die Monatssieger mit den besten Empfehlungen Fondsanteile gewinnen. Die Aktion ist mit der Facebook-Präsenz von Investtor verknüpft. Dort können auch nicht registrierte Beobachter Wochen- oder Monatsrankings einsehen und sich über andere Fondsmitmacher informieren oder zu ihnen Kontakt aufnehmen.

Geschäftsmodell

Die TOP Vermögen AG als Fondsmanager des Investtor schöpft ihre Einnahmen aus der Managementgebühr, die bei einem Prozent jährlich liegt. Eine darüber hinausgehende Beteiligung ist für sie nicht gegeben.

Eine Performance Fee ist laut Fondsinitiator Michael Thaler nicht geplant und wäre aus seiner Sicht auch widersinnig. Immerhin basiert der Fonds ja auf den Einschätzungen der Fondsanteilsbesitzer selbst. Allerdings wird in Zukunft wohl ein Teil von ihnen eine Erfolgsbeteiligung erhalten: Die Besten unter den Empfehlungsgebern, die »Leader« also, sollen am Jahresende mit 0,2 Prozent des investierten Kapitals beteiligt werden.

Bewertung

Investtor hat vor nunmehr drei Jahren eine Bresche in die Fondslandschaft geschlagen. Der »Mitmachfonds« ist der erste seiner Art in Deutschland, der den Anleger gleichsam zum Fondsmanager macht. Abseits der etablierten Banken und Fondsgesellschaften wurde eine alternative Anlageform geschaffen.

Die Bilanz in Sachen Portfoliostruktur, Wertentwicklung und Risiko fällt grundsätzlich positiv aus. Der Fonds ist nachweislich kein Zockerprodukt, sondern investiert kontinuierlich in Aktien von Großkonzernen, die in der jeweiligen Branche zumeist einen guten Stand haben.

Die Schwankungsanfälligkeit ist mit etwa zehn Prozent eher niedrig angesiedelt, schwache Phasen im Aktienmarkt übersteht der Fonds besser als die Benchmark, der MSCI World. Nach Performance kann er mit dieser Messlatte allerdings nicht mithalten.

Wie sich die Neuerungen auf die Wertentwicklung und Risikoparameter auswirken, bleibt abzuwarten. Die Qualität der Empfehlungen könnte damit zumindest gesteigert werden. Investtor geht mit der höheren Gewichtung der »Top«-Anleger und dem Leader-Prinzip einen ähnlichen Weg wie sharewise, wo die »Top100« die Aktienauswahl bestimmen.

Dass Investtor nun gleichermaßen nicht investierten Anlegern mit einem guten Riecher für Aktien die Möglichkeit gibt, Einfluss auf die Fondsstruktur zu nehmen, zeigt, dass das Management-Team selbst Verbesserungsbedarf bei der Auswahlqualität sieht. Der Erfolg der Maßnahmen bleibt abzuwarten.

Checkliste Investtor

> Aktienauswahl

Welches sind die großen Positionen im Fonds? Die Auswahl der Top-Picks sollte zum eigenen Anlageverhalten passen, damit man sich als Anleger mit dem Mitmachfonds auf lange Sicht wohlfühlen kann.

> Performance und Risiko

Die Wertentwicklung und Schwankungsanfälligkeit der vergangenen Jahre sind keine Gewähr für eine ähnliche Zukunft. Gerade angesichts der Veränderungen in der Empfehlungslogik, die beim Investtor Einzug halten, sollte der Anleger dann und wann die Kennzahlen überprüfen.

> Sparplan oder Einmalanlage

Wer auf lange Sicht mit kleinen Beträgen in den Investor einsteigt, kann ebenfalls seinen Einfluss bei der Aktienauswahl geltend machen. Generell glättet ein monatlicher kleiner Betrag die Ausschläge in der Wertentwicklung (Cost-Average-Effekt). Allerdings sollten Transaktionskosten beim Fondskauf im Auge behalten werden, die bei kleineren Anlagebeträgen oft relativ höher sind. Zudem ist der Sparplan bislang nur bei der DAB-Bank erhältlich.

> Community

Die neuen Transparenz- und Dialogmöglichkeiten geben einen guten Einblick in die Stimmungslage unter den Mit-Investoren. Diesen Vorteil des Mitmachfonds sollte man nutzen.

5.2 sharewise Community Fonds

In mehr als fünf Jahren hat sharewise als Empfehlungsplattform bereits Tausende von Aktientipps der Anleger gesammelt (siehe Kapitel 3). Durch ein Bewertungssystem hat die Plattform die Besten dieser Tippgeber herausgefiltert. Da lag es eigentlich auf der Hand, aus diesem Fundus an Know-how über den Finanzmarkt ein eigenes Anlageprodukt zu schnüren.

Im Dezember 2012 machte sharewise den Sprung zum Fondsschöpfer. Der H&A sharewise Community Fonds ist seitdem im Handel und für alle Anleger – auch Nichtmitglieder – über die Börse und die Fondsgesellschaft Hauck & Aufhäuser erhältlich. Die Baader Bank fungiert dabei als Fondsmanager, Sharewise ist nur als »Fondsinitiator« formal an Bord.

Die Top100-Mitglieder unter den vielen sharewise-Nutzern sind die eigentlichen kollektiven Fondsmanager. Sie haben sich über ein Auswahlverfahren die höchsten »Skill Levels« im sharewise-Mitglieder-Ranking erarbeitet. Dazu muss mit den Aktienempfehlungen über einen längeren Zeitraum der Markt geschlagen werden. Den Ranglistenalgorithmus dazu hat das Unternehmen transparent zugänglich gemacht.

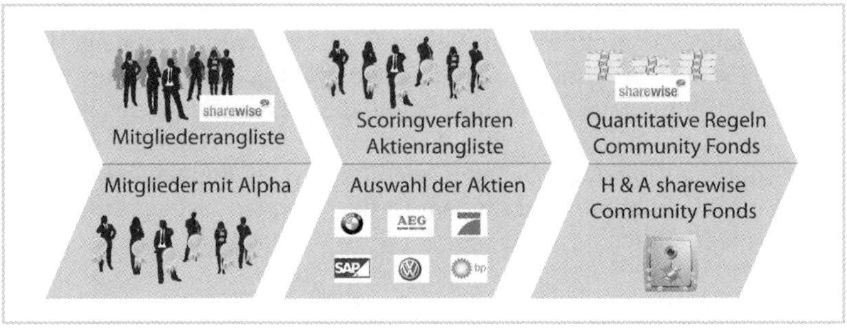

Abbildung 14: Auswahlprozess im sharewise-Fonds, Quelle: Sharewise

Der Fonds reagiert durch Käufe und Verkäufe auf die Empfehlungen der sharewise-Champions. Auf monatlicher Basis werden die 25 Aktien mit den meisten Kaufempfehlungen der Top100-Mitglieder gleichgewichtig aufgenommen.

Aktien, die die meisten Verkaufsempfehlungen auf sich vereinigen, werden »verkauft«. Es wird also eine Short-Position für sie eingerichtet. Damit ist der Fonds eigentlich kein reiner Aktienfonds mehr, da er auch eine Leerverkaufsstrategie über Derivate nutzt. Das Gewicht dieser Short-Investments darf 20 Prozent des Fondsvermögens jedoch nicht überschreiten.

Ebenfalls allmonatlich findet ein »Rebalancing« innerhalb des Fonds statt. Damit werden Verschiebungen in der Gewichtung der Einzeltitel wieder ausgeglichen, sodass die Vorgabe einer gleichen Bedeutung jeder Aktie für den Gesamtfonds erhalten bleibt. Der Anteil liegt danach stets wieder bei je rund vier Prozent.

Der Community Fonds hat als Vergleichsmaßstab den Stoxx Europe 600 Preisindex. Schlägt er diese Benchmark, fällt eine Performance Fee von 15 Prozent der Überrendite an. Die Auszahlung dieser Gebühr erfolgt am Geschäftsjahresende, dem 30. Juni, und wird dem Anteilspreis entnommen.

Die Verwaltungsgebühr von derzeit 1,5 Prozent pro Jahr geht an die Kapitalanlagegesellschaft, den Fondsmanager sowie die Vertriebsbanken. Auch sharewise erhält als Fondsinitiator einen Teil der Verwaltungsvergütung. Nach Angaben von Geschäftsführer Michael Mellinghoff übernimmt das Unternehmen aber aktuell einen Großteil der Fixkosten, die den Fonds – und damit den Anleger – sonst belasten würden.

Ein Blick in das Fondsportfolio, das sharewise in einem täglichen Factsheet veröffentlicht, zeigte zum Beispiel Anfang 2013 eine bunte Mischung aus Technologiewerten wie Sony, Apple oder Cisco und eher defensiven Titeln wie der Deutschen Telekom.

In Sachen Performance hat das Produkt in den ersten Monaten die Benchmark nicht erreichen können. Nach etwa einem halben Jahr war der Community Fonds wieder auf der Höhe seines Ausgabepreises, was durch eine merkliche Outperformance im zweiten Quartal erreicht wurde.

Bewertung

Der sharewise Community Fonds ist das erste und bislang einzige Fondsprodukt, das aus einem echten sozialen Netzwerk hervorgegangen ist. Die »Fondsmanager« sind Mitglieder eines internen Rankings dieses Netzwerks.

Die Weisheit der Vielen ist dabei so zu interpretieren, dass aus den vielen Mitgliedern die »Besten« herausgefiltert wurden, die dann für die ganze Gemeinde die Investitionsentscheidungen treffen. Da sich der Top100-Club bei sharewise immer neu zusammensetzt, stellen sich die neuen Community-Fondsmanager immer neu auf.

Durch die monatlichen Umschichtungen ist für eine relativ hohe Kontinuität im Portfolio gesorgt. Der sharewise-Fonds ist kein »Trading-Fonds«, der schnell die Pferde wechselt. Durch die Beschränkung auf hochkapitalisierte Aktien kann der Anleger sicher sein, Blue-Chips oder zumindest mittelgroße Unternehmen zu kaufen, die in wichtigen Indizes vertreten sind.

In Sachen Performance hat das Produkt in den ersten Monaten die Benchmark nicht erreichen können. Nach etwa einem halben Jahr war der Community Fonds erst wieder auf der Höhe seines Ausgabepreises in einem haussierenden Aktienmarkt.

Checkliste sharewise Community Fonds

> Auswahl der Aktien

Das täglich publizierte Factsheet des Community Fonds bietet einen aktuellen Einblick in die Positionen im Portfolio. Potenzielle Fondskäufer sollten einen Blick in die Struktur werfen und überprüfen, ob sie zur eigenen Anlagephilosophie passt.

> Umschichtungen

Reagiert der Fonds zu träge oder zu statisch mit seinem monatlichen »Rebalancing«? Das kann man anhand einzelner Aktien live verfolgen. Letztlich muss die Performance zeigen, ob der Umschichtungsmodus erfolgreich ist.

> Long/Short-Strategie

Der sharewise-Fonds ist kein reiner Aktienfonds, da er auch über den Einsatz von Short-Instrumenten auf fallende Kurse in einzelnen Aktien setzen kann. Vor allem in Schwächephasen am Aktienmarkt dürfte der Fonds diesen Vorteil ausspielen können. Wie sehr, bleibt abzuwarten.

> Kennziffern

Wie bei allen Fondsprodukten sagt nicht nur die reine Performance etwas über die Qualität aus, sondern auch andere Kennziffern, wie Volatilität, Sharpe Ratio oder der maximale Verlust in einem bestimmten Zeitraum. Die sollte der Fondskäufer ebenfalls in Abständen überprüfen.

> Community

Der sharewise-Fonds ist ein »Mitmach-Produkt«. Die Chance, die Zusammensetzung zu beeinflussen, sollte der Anleger im sozialen Netzwerk von sharewise nutzen.

5.3 sentix Fonds 1

Von der »Weisheit der Vielen« spricht Manfred Hübner, sentix-Geschäftsführer, zumeist nur in Verbindung mit der »Verrücktheit der Masse«. Das Frankfurter Beratungsunternehmen hat sich seit vielen Jahren auf die Analyse des Anlegerverhaltens spezialisiert. Damit arbeitet sentix im Bereich der »Behavioral Finance«, einer noch sehr jungen Disziplin.

Die Meinungs- und Stimmungserhebungen, die sentix wöchentlich bei privaten Anlegern und institutionellen Profis aus Banken, Fondsgesellschaften oder Vermögensverwaltungen durchführt, erzählen viele Geschichten vom Herdenverhalten an der Börse. Aber die rund 4.000 Einzelmeinungen, die Hübner, sein Partner Patrick Hussy und das sentix-Team jeweils freitags abfragen, sind auch wertvolles Datenmaterial. Stimmungsindikatoren, auch Sentiment genannt, entstehen aus ihnen zu allen Anlageklassen. sentix fragt die Gefühlslage der Investoren zum Aktienmarkt, aber auch zum Renten- und Rohstoffmarkt und nicht zuletzt zur Konjunktur in Deutschland und Euro-Land ab.

In der Finanzwelt wird den sentix-Indikatoren zunehmend Beachtung geschenkt. Ähnlich wie der ifo-Index des Instituts für Wirtschaftsforschung in München oder die Veröffentlichung der ZEW-Konjunkturerwartungen des Zentrums für Europäische Wirtschaftsforschung in Mannheim kann die Publikation der Signale von sentix inzwischen die Börse selbst beeinflussen.

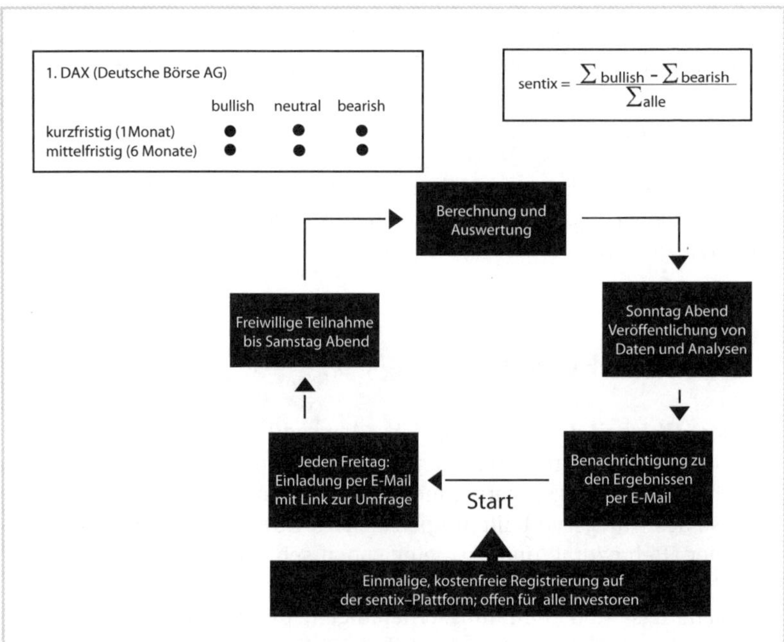

Abbildung 15: sentix-Befragungsschema, Quelle: sentix

Hübner und Hussy zufolge ist die Qualität der Befragungen abhängig von der Heterogenität der Gruppe, deren Meinungen eingeholt werden. Die Befragten bei sentix kommen aus allen Altersgruppen und haben unterschiedlichste berufliche Hintergründe. Das sentix-Team unterscheidet grundsätzlich zwischen den privaten Teilnehmern der Befragung und den rund 900 Profis, die in der Finanzbranche selbst tätig sind. Mit ihnen stellt das Unternehmen direkten Kontakt her, um ihre Daten zu überprüfen.

Aus den Befragungen ermittelt sentix zwei grundlegende Ergebnisse: Sie entscheiden darüber, in welche Richtung die Indikatoren letztlich weisen. Zum einen wird ein eher **kurzfristiges Sentiment**, also eine aktuelle Stimmungslage der Befragten, herausdestilliert. Zum anderen wird eine Grundausrichtung zu den einzelnen Märkten, der **strategische Bias**, identifiziert. Beide Signale werden unterschiedlich bewertet. Während der strategische Bias eher eine »prozyklische« Bedeutung hat, wird die kurzfristige Stimmungslage eher antizyklisch interpretiert.

Konkret: Wenn die Befragten kurzfristig sehr pessimistisch sind und von einem Rückgang bei den Aktienkursen ausgehen, deutet das oft auf eine Kurserholung hin. Starker Optimismus dagegen ist regelmäßig ein Hinweis auf bald zurückgehende Kurse. Diese Verrücktheit der Masse wird damit aus Sicht der sentix-Macher für Anleger nutzbar gemacht.

Auf der Suche nach der Marktmeinung

Die Weisheit der Vielen nutzt das Unternehmen vor allem über seine Konjunkturindikatoren. Dabei bildet sich durch die große Anzahl der meist gut informierten Nutzer aus den verschiedensten Wirtschaftsbranchen ein zumeist sehr genaues Erwartungsbild für die Konjunktur in Deutschland und Europa heraus.

Erkenntnisse, die bereits seit knapp drei Jahren in einen eigenen Investmentfonds einfließen. Mithilfe der sentix-Daten kann das Fondsmanagement frühzeitig erkennen, wann die Stimmung in dem einen oder anderen Markt kippt. Zudem hat das Unternehmen das Wissen über die aktuelle Positionierung der Befragten am Markt. Und damit kennen die Experten auch die Richtungen, in die Anlegergelder fließen.

Der sentix-Fonds geht aktive Engagements nur ein, wenn die Manager eine »Marktmeinung« haben, also Bewegungen in die eine Richtung am Aktien-, Renten- oder Rohstoffmarkt erwarten. Ist dies nicht der Fall, hält der Fonds nur risikolose Anleihen des Bundes und der Länder. Ergeben sich aber Chancen in einer der Anlageklassen, dann nutzt der Fonds vor allem Terminkontrakte wie Futures oder Optionen, um von den jeweiligen Signalen zu profitieren. Optionsstrategien verwendet der Fonds auch, um in Seitwärtsphasen Rendite zu erzielen.

Um Schwankungen am Markt möglichst abzupuffern, verfolgt sentix bei seinem Fonds ein strenges Risikomanagement und arbeitet zur Verlustbegrenzung mit definierten Stops bei den einzelnen Positionen. Auf das Gesamtvermögen bezogen soll der maximale Verlust auf zehn Prozent im Kalenderjahr begrenzt bleiben.

Der sentix Fonds 1 ist als Total-Return-Fonds konzipiert. Er will also eine positive Rendite unabhängig von einer Benchmark wie einem Aktien- oder Rentenindex erzielen. Diese Zielvorgabe liegt »mittelfristig« bei fünf Prozent oberhalb des jeweiligen Geldmarktzinses.

Zwei Fondstranchen

In den ersten beiden Jahren seines Bestehens konnte der Fonds das Versprechen im Schnitt einhalten. 2011, in einem Jahr mit deutlich fallenden Aktienkursen, lag der Wertzuwachs bei 3,7 Prozent, 2012 bei 7,4 Prozent. Etwas mehr Rendite erhielten die Investoren der zweiten Fondstranche, die sich an institutionelle Anleger richtet. Weil hier die Beratervergütung nur bei 0,45 statt bei 1,25 Prozent jährlich liegt, stieg der Fondspreis entsprechend stärker an. Der Mindestanlagebetrag liegt hier bei 100.000 Euro, die »Retail«-Version gibt es bereits zum Einstiegspreis von 100 Euro.

In zwei weiteren Details unterscheiden sich die beiden Produkte. Während die an Privatanleger gerichtete Tranche die Erträge wieder investiert (thesauriert), werden sie in der Profi-Variante alljährlich ausgeschüttet. Der Fonds wird durch die Privatbank Hauck & Aufhäuser als Depotbank und die Frankfurter Universal Investment als Kapitalanlage-Gesellschaft betreut.

Der sentix Fonds 1 wartet mit beachtlichen Risikomaßen auf: Auf Zwei-Jahres-Sicht liegt der maximale Verlust bei nur drei Prozent. Die Schwankungsbreite (Volatilität) von unter vier Prozent erinnert eher an einen renditearmen Rentenfonds als an ein Produkt, das sich in den teilweise sehr hektischen Aktien- oder Rohstoffmärkten bewegt.

Aus Sicht von Hübner und Hussy soll das Produkt eher als langfristige Anlage zum Vermögensaufbau genutzt werden. Zur Spekulation auf heftige Kurssteigerungen in der einen oder anderen Assetklasse ist es damit nicht das geeignete Produkt.

Die Akzeptanz der beiden Fondsvarianten ist nach rund drei Jahren ihres Bestehens bemerkenswert. Zusammen kommen sie auf rund 75 Millionen Euro an investierten Anlegergeldern.

Geschäftsmodell

Für die sentix Asset Management GmbH ist der sentix Fonds 1 nur eines von mehreren Standbeinen. Die sentix-Macher üben mehrere Beratungsmandate bei arrivierten Fondsgesellschaften aus. Die GmbH verfügt über eine BaFin-Lizenz als Anlageberater, Anlage- und Anlageabschluss-Vermittler. Das Schwesterunternehmen sentix GmbH vermarktet zudem sehr erfolgreich eine ganze Bandbreite von Indikatoren und Research; beides wird aus den Ergebnissen der Befragungen gewonnen.

Der sentix 1 Fonds beteiligt die Fondsmanager mit einer jährlichen Beratervergütung von 1,25 Prozent der in den Fonds investierten Mittel. Dies gilt für die Fondstranche, die sich an die Privatkunden richtet. Die Großanleger müssen nur 0,45 Prozent jährlich an Gebühr berappen.

Zudem ist sentix auch ab einer bestimmten Performance des Fonds an der Wertentwicklung beteiligt. Übertrifft sie das anvisierte Ziel von fünf Prozent über dem aktuellen Geldmarktzins, dann werden 20 Prozent des Mehrertrages als Performance Fee fällig. Dabei wird eine High Watermark berücksichtigt.

Die Erhebungen, die sentix allwöchentlich durchführt, geschehen auf freiwilliger Basis durch die Teilnehmer. Weder werden sie honoriert noch erhebt sentix Abo-Gebühren. Sie erhalten die Umfrageergebnisse in Form eines »sentix Weekly« kostenlos. Wer nicht an der Erhebung teilnimmt, kann die Publikation kostenpflichtig abonnieren.

Für Großinvestoren wie Fondsgesellschaften bietet sentix weitere Beratungsleistungen und Research an.

Bewertung

Der sentix Fonds 1 unterscheidet sich grundlegend von den »Community-Fonds«, wie sie durch sharewise und Investtor angeboten werden. Die Befragung der Behavioral-Finance-Spezialisten soll eher Stimmungen für einzelne Anlageklassen abfragen als für Einzelaktien.

Dazu bildet die »Gemeinde« der Umfrageteilnehmer bei sentix keine Social Community, die untereinander über die sentix-Plattform vernetzt wäre. Die Einschätzungen der Befragten werden erfasst, ausgewertet und diesen – wie auch der gesamten Öffentlichkeit – anschließend zur Verfügung gestellt. Verbindungen zwischen den mehreren Tausend Beteiligten an den Umfragen sind auch gar nicht erwünscht. Die Weisheit der Vielen entsteht durch das Wissen und die Stimmung jedes Einzelnen für sich genommen, so die These der Experten.

Im Fondsmodell gehen die Einzelmeinungen auch nicht direkt in die Kauf- oder Verkaufsentscheidungen des Fondsmanagements ein. sentix entscheidet nach Abwägung der Stimmung, der Positionierung der Investoren und nach der aktuellen Marktlage, ob und wie in den Markt ein- oder ausgestiegen werden soll.

Dabei wird auch abgewägt, ob die gesammelte Stimmung in der Anlegerschaft vielleicht doch eher als »Verrücktheit der Massen« zu werten ist.

Der Erfolg des Fondskonzepts kann sich bislang sehen lassen. Die Performance entspricht den eigenen Vorgaben, und die geringen Schwankungen machen das Produkt vor allem für langfristig orientierte Anleger interessant.

Da sentix sich selbst kaum als direkter Community-Fonds begreift, verwundert es nicht, dass die Informationen über Entscheidungen oder die aktuelle Fondsstruktur nur im Nachhinein publiziert werden.

Checkliste sentix Fonds 1

> Fondsstrategie

sentix informiert in einem monatlichen Report über die aktuelle Aufstellung des Fonds, der auf der Internetseite öffentlich abrufbar ist. Die Pflichtlektüre für den Anleger gibt auch lesenswerte Informationen über Marktstimmungen und den Ansatz von sentix.

> Fondsstruktur

Wer sich von der Aufstellung des sentix-Fonds ein Bild machen will, muss dies über die regulären Berichte der Gesellschaft tun. Da der sentix Fonds 1 stark mit Futures und Optionen arbeitet und auf direkte Aktieninvestments verzichtet, sollte man sich die Terminkontrakte genauer anschauen. Die Anleihen, etwa Euro-Staatsanleihen, werden aber direkt ins Fondsvermögen hineingekauft.

> Mitmachen bei der Befragung

Die Auswertung, die alle Teilnehmer an der Befragung jeweils montags kostenlos erhalten, ist für die Fondsanleger doppelt interessant. Macht sie doch sichtbar, wenn an den Finanzmärkten Unschlüssigkeit herrscht oder der Herdentrieb bei den Anlegern einsetzt.

> Performance und Risiko

Bislang ist die Strategie von sentix aufgegangen. Sternstunden hatte der Fonds in den vergangenen Jahren vor allem in Baissephasen am Aktienmarkt, wenn er fallende Kurse nutzte oder früh auf Trendwenden setzte.

> Kosten minimieren

Wie immer beim Kauf aktiv gemanagter Fondsprodukte kann man als Anleger mehr Ausgabeaufschlag zahlen – oder weniger. So beträgt der reguläre Ausgabeaufschlag drei bis fünf Prozent. Verschiedene Online-Broker reduzieren ihn aber auf 1,5 Prozent. Und bei einigen Fondsdiscountern ist der sentix-Fonds sogar ganz ohne Ausgabeaufschlag erhältlich.

5.4 Intelligent-Recommendations-Fonds

Rund vier Jahre nach dem Start der Firma ist es im Sommer 2013 soweit: Corvin Schmoller, Gründer und Macher von Intelligent Recommendations, kann den Start eines Investmentfonds feiern. In das Anlageprodukt fließen die Empfehlungen von Anlegern ein – zu ihren Anlagefavoriten am Aktienmarkt und zu ihrer persönlichen Vermögensaufteilung.

Schmoller, der schon seine Magisterarbeit (erschienen 2008) dem Thema kollektive Intelligenz gewidmet hat, nutzt mit Intelligent Recommendations nach eigener Aussage diese Intelligenz, um sie auch im Finanzmarktgeschehen zum Einsatz zu bringen. Der Ansatz von Intelligent Recommendations wird vom Bundeswirtschaftsministerium (BMWi) und der EU gefördert.

Zwei Grundbedingungen sind danach erforderlich, um kollektive Intelligenz in Rendite zu verwandeln. Zum einen müssen Anlageempfehlungen unabhängig voneinander abgegeben werden, damit sich die verschiedenen Meinungen zu Aktien und Asset-Klassen nicht gegenseitig beeinflussen können. Dieses »Aufspalten von Verbindungsstrukturen« zwischen den Akteuren, die Einschätzungen abgeben, unterscheidet nach der Lesart von Intelligent Recommendations kollektive Intelligenz vom Herdenverhalten, bei dem sich der Einzelne in seinen Entscheidungen an anderen orientiert.

Zum anderen legt Schmoller Wert auf eine gleichberechtigte Gewichtung der vielen Stimmen, die sich zu Einzelwerten oder zum Gesamtmarkt zu Wort melden.

Als »Community« will der Gründer die Teilnehmer seiner Empfehlungsplattform daher nicht verstanden wissen. Denn die Unabhängigkeit der Meinungsäußerung sei in einer Gemeinschaft mit Beziehungen untereinander gerade nicht gegeben. Die Ergebnisqualität würde in einer solchen sozialen Umgebung heftig leiden.

Richtig ausgewertet und aufbereitet, das will Intelligent Recommendations nun auch mit Anlageprodukten im größeren Stil beweisen, schlägt das Kollektiv der Anleger nicht nur die meisten Aktienindizes, sondern die Mehrheit der aktiven Aktienfondsmanager. In schöner Regelmäßigkeit hat der Gründer in den vergangenen Jahren die eigenen Nutzer und auch die Öffentlichkeit mit Statistiken versorgt, die den Nachweis erbringen sollen, dass intelligente Empfehlungen einen Mehrwert für alle schaffen können.

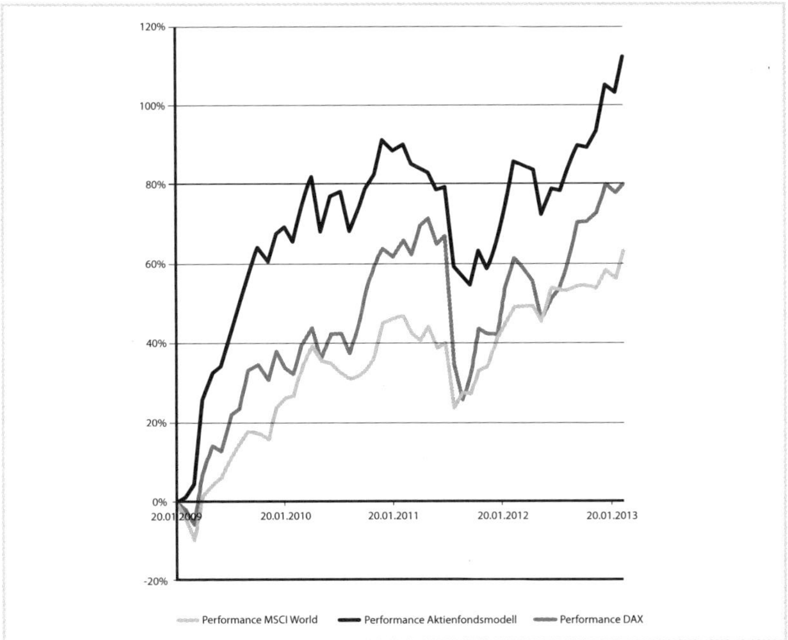

Abbildung 16: Aktienfondsmodell schlägt Aktienindizes, Quelle: Intelligent Recommendations

Intelligent Recommendations basiert also auf der Mitarbeit der Nutzer der Plattform. Wer sich als Empfehlungslieferant auf der Internetseite registriert, wird sogleich nach verschiedenen Einschätzungen befragt. Zunächst zu seiner derzeitigen Vermögensaufteilung: Wie viel Prozent seiner frei verfügbaren Mittel würde er in Aktien investieren, aus welchen Indizes würde er sie auswählen? Welche Rolle spielen der Rentenmarkt, aber auch Tages- und Festgeld in der idealtypischen Aufteilung des jeweiligen Vermögens? Danach geht es ans Feintuning: Welche Aktie oder Anleihe hält der User derzeit für eine »Top-Anlage«? Solche Anlagefavoriten benennt der Empfehlungsgeber für verschiedene Zeiträume (»0 bis zwei Jahre«, bis zu »sieben und mehr Jahre«). Zusätzlich können Kursziele und ein Zeitpunkt angegeben werden, zu dem diese Ziele erreicht sein sollen.

Die abgegebenen Empfehlungen und Schätzungen sind der Rohstoff, aus dem bei Intelligent Recommendations Musterdepots erzeugt werden. Der Erfolg in den zurückliegenden Jahren des Tüftelns und Testens kann sich sehen lassen. Die Anlagefavoriten der User sind in den meisten Fällen auch die Outperformer in ihren jeweiligen Indizes, so die Auswertungen. Kollektive Intelligenz scheint zu wirken.

Für die Nutzer der Plattform ist der Einblick in die Einschätzungen dieses Anlegerkollektivs die wichtigste Belohnung. Wer seine eigene Präferenz bei der Asset Allocation beigesteuert hat, kann das Abstimmungsergebnis aller Mitwirkenden einsehen. Und nur wer eigene Aktienempfehlungen benennt, bekommt Zugang zum Musterdepot, das aus der Gesamtheit der Meinungen entstanden ist.

Im Fondskonzept nutzt die Intelligent Recommendations GmbH ein »Umschichtungsmodell«. Dabei werden die Empfehlungen aus der Nutzerschaft in regelmäßigen Abständen überprüft. Aktienfavoriten, die dabei in der Gunst der Anleger steigen, werden in den Fonds aufgenommen. Papiere, die an Zustimmung verlieren, werden aus dem Portfolio entfernt. Trends, so die These von Schmoller, werden dadurch eher erkannt, als wenn man auf konkrete Kauf- oder Verkaufsentscheidungen bei den Anlegern warten würde. Im Intelligent-Recommendations-Fonds werden die Pferde schneller gewechselt. Das Modell hat in den vergangenen Jahren die Börse regelmäßig übertrumpft. Eine aktuelle Transaktionshistorie ist auf der Plattform verfügbar und kann eingesehen werden.

Das Universum der Werte, in die der Fonds investieren kann, besteht aus allen Titeln der 14 angebotenen Aktienindizes, innerhalb derer wiederum fünf Risikoklassen unterschieden werden. Das Fondsportfolio enthält rund 40 Einzelaktien.

Intelligent Recommendations will aber auch schwierigere Börsenphasen besser überstehen als gewöhnliche Aktienfonds. Ein Trendvorhersageindikator, den das Unternehmen entwickelt hat, signalisiert Schwächephasen am Aktienmarkt. Dann kann der Fonds bis zu 20 Prozent des Fondsvermögens in Futures investieren. Durch den Verkauf dieser Terminkontrakte geht das Fondsmanagement in Baissesituationen eine »Short-Position« ein, die die Verluste im Aktienmarkt zum Teil ausgleichen soll.

Partner von Intelligent Recommendations ist die Fondsgesellschaft Axxion mit Sitz in Luxemburg und deren Schwestergesellschaft veNova, die sich auf kleinere Fondsemissionen spezialisiert haben.

Geschäftsmodell

In den vergangenen Jahren hat das Unternehmen bereits unterhalb der Schwelle eines großen Anlageproduktes seine Erkenntnisse vermarktet. So können Anleger über ein Investment-Club-Modell vier verschiedene Strategien mit eigenem Geld nachbilden.

Dabei werden Gelder von Anlegern gesammelt und über ein gemeinsames Konto von Corvinvest, einem Ableger von Intelligent Recommendations, verwaltet. Über einen »Stockpicker«-Ansatz wird in der ersten Strategie weltweit in Aktienwerte investiert. Die zweite Strategie im Investment-Club-Angebot ist »aktienorientiert«. Hier liegt der Aktienanteil bei 50 bis 90 Prozent. Als dritte Variante können Anleger in einen Korb aus »Öko«-Aktien investieren. Und beim vierten Modell wird ein »ausgeglichener« Ansatz genutzt, bei dem der Aktienanteil zwischen 30 und 70 Prozent betragen kann.

MSCI World als Messlatte

Alle vier Strategien laufen bereits seit zwei Jahren mit eingezahlten Beträgen zwischen 30.000 und 120.000 Euro. In allen Fällen wurde der jeweilige Vergleichsindex, die Benchmark, zum Teil deutlich geschlagen. Intelligent Recommendations will diese Form der Investition in Zukunft anbieten, um weitere Fondskonzepte zu testen.

Mit der Auflage des Fondskonzepts erschließen sich für Intelligent Recommendations auch neue Einnahmequellen. Der Fonds wird eine jährliche Verwaltungsgebühr von 1,4 Prozent haben, an der auch die Firma als Initiator beteiligt wird. Gleiches gilt für die Performance Fee, die der Fonds erhebt. Schmoller hat die Hürde dafür aber selbst recht hoch gelegt. Denn nur wenn die Performance die des Weltaktienindex MSCI World schlägt, fällt eine Erfolgsgebühr von zehn Prozent auf diese Outperformance an. Liegt sie unterhalb der Benchmark, entfällt die Performance Fee.

Gleiches gilt, wenn der Intelligent-Recommendations-Fonds in einem Jahr keinen neuen Höchststand erreicht. In einem schwachen Aktienjahr reicht es also nicht, nur besser als der Vergleichsindex zu sein, die absolute Performance ist gefragt.

Neben den Fondsgebühren finanziert sich das Unternehmen zum Beispiel über Börsenbriefe. Und auch ein Premium-Abonnement für Nutzer der Plattform sorgt für Einkünfte. Unternehmensgründer Schmoller bietet zudem kostenpflichtige Seminare an, auf denen er Interessenten ins Thema »Investieren mit kollektiver Intelligenz« einführt. Die Veranstaltungen sollen aber weniger Umsatzbeiträge liefern als neue User für die Plattform gewinnen helfen. Je mehr Anleger ihren Teil zur Gesamtheit der Meinungen beisteuern, umso höher ist der Wert der Empfehlungen, die Intelligent Recommendations ermittelt.

Momentan befindet sich Intelligent Recommendations gerade im Gespräch mit Investoren, um die nächste Ausbaustufe des Geschäfts anzugehen. Gemeinsam mit Partnern im In- und Ausland will das Unternehmen eine Vielzahl von Finanzprodukten für sämtliche Assetklassen entwickeln und vermarkten.

Bewertung

Der Newcomer unter den Kollektivfonds hat Aufmerksamkeit nach seinem Start verdient. Das Konzept zur Nutzung der kollektiven Intelligenz hat bei den Vorläuferprodukten erstaunliche Überrenditen im Vergleich zu den Vergleichsindizes erzielt.

Intelligent Recommendations setzt sich von den anderen Fondsanbietern mit seinem Ansatz ab. Es wird keine Vorauswahl unter den Befragten getroffen. Jede Empfehlung ist gleichgewichtig, somit wird keine »Elite« unter den Umfrageteilnehmern gebildet, die dann maßgeblich für die Fondszusammensetzung ist. Zudem werden die Befragten nicht in einer Community zusammengeführt. Damit soll die Unabhängigkeit der Befragungen gewährleistet werden.

Da die Fondsemission den Bekanntheitsgrad von Intelligent Recommendations weiter erhöhen wird, dürfte auch die Basis der Teilnehmer weiter steigen. Damit könnte der »IQ« des Kollektivs weiter zunehmen.

Der Fonds wartet mit einem hohen Anspruch an sich selbst auf, das zeigt auch die Vergütungsstruktur. Der Weltindex MSCI World muss geschlagen werden, damit eine Performance Fee anfällt; und diese beträgt eher bescheidene zehn Prozent der Outperformance. Die Verwaltungskosten liegen ebenfalls eher im unteren Bereich vergleichbarer Produkte. Für Anleger ist das eine gute Nachricht, denn die Rendite des Fonds wird so durch Kosten nur wenig geschmälert.

Checkliste Intelligent-Recommendations-Fonds

> Fondsstrategie

Wie Intelligent Recommendations die Anlagefavoriten bestimmt und austauscht, hat das Unternehmen in den Fondsunterlagen erläutert. Wie die Praxis des Umschichtens abläuft, sollte sich der Anleger anhand der Veröffentlichungen des Fonds regelmäßig anschauen. Schafft es das Kollektiv tatsächlich, neue Favoriten zu küren, noch bevor sie an der Börse durchstarten?

> Fondszusammensetzung

Das Fondsportfolio ist immer ein Kriterium für einen Fondskauf. Wer das Produkt von Intelligent Recommendations kauft, investiert ja in einen Fonds, der prinzipiell weltweit investiert sein kann. Die Befragungsteilnehmer können aus 14 Aktienindizes ihre Favoriten auswählen. Bei der tatsächlichen Fondszusammensetzung dürfte daher zu prüfen sein, wie breit die rund 40 Titel tatsächlich international streuen. Oder gibt es einen »Home Bias«, eine Vorliebe des Kollektivs der zumeist deutschen Befragungsteilnehmer für einheimische Aktien?

> Performance und Risiko

Schon ein paar Monate nach dem Start können sich Anleger einen ersten Eindruck davon verschaffen, wie der Fonds sich gegenüber der Benchmark verhält. Kommt es bereits zu einer Outperformance? Sind die Schwankungen kleiner oder größer als beim Weltaktienindex MSCI World? Rücksetzer an den Aktienmärkten will Intelligent Recommendations mithilfe seines Trendindikators frühzeitig erkennen und mit dem Einsatz von Short-Kontrakten abmildern.

> Befragungen und Ergebnisse

Zwar ist das Produkt kein »Community«-Fonds, mitmachen kann man als Anleger und Beobachter dennoch, wenn man es verbessern will: Indem man regelmäßig an den Befragungen teilnimmt. Die Auswertungen, die das Unternehmen zur Verfügung stellt, helfen bei der Einschätzung des Marktes und der Chancen einzelner Aktien in jedem Fall weiter.

simplified

6 Social Trading als Geschäft – von Businessmodellen und Vergütungsstrukturen

Social Trading ist zwar eine neuartige Art der Geldanlage. Doch die Unternehmen, die im Markt aktiv sind und die Idee weiterentwickeln, gehorchen denselben Gesetzmäßigkeiten wie andere Firmen auch. Letztlich geht es auch in diesem Metier darum, profitabel zu arbeiten, das Geschäft auszubauen, sich neue Märkte zu erschließen und am Ende einer langen Erfolgsgeschichte vielleicht eine marktbeherrschende Stellung einzunehmen.

Auf dem Weg dahin muss in Technologie und Marketing investiert werden, es müssen Geldgeber, Fördermittel und Mitarbeiter gewonnen werden. Ein Businessplan muss zumindest die Aussicht auf Gewinne in der Zukunft begründen.

Vielleicht denkt der eine oder andere Unternehmer bereits an einen Börsengang. Wer möchte nicht gern auf den Spuren von Facebook-Gründer Mark Zuckerberg wandeln, eine ganze Branche dominieren und noch dazu mit Abermillionen jonglieren?

Bei den meisten der Anbieter haben Investoren wie Business Angels oder Beteiligungsgesellschaften beim Start und vor allem bei der Finanzierung des Wachstums gehörig nachgeholfen. sharewise verfügt über mehrere Investoren, die das Unternehmen gefördert haben und weiter fördern. Bei ayondo ist die Beteiligungsgesellschaft NextGFI mit einem großen Anteil eingestiegen und stellt mit Thomas Winkler seit April 2013 den zweiten Managing Director.

An Wikifolio sind mittlerweile der Handelspartner Lang & Schwarz, eine österreichische Beteiligungsgesellschaft und die Verlagsgruppe Handelsblatt über ihr Joint-Venture vhb digital beteiligt.

Die bereits fast global agierenden Anbieter eToro und ZuluTrade haben ebenfalls Investoren im Hintergrund, die ihr Wachstum in den vergangenen Jahren finanziert haben. eToro konnte sich im Frühjahr 2012 über eine Finanzierungsrunde alleine 15 Millionen Dollar sichern, um die Expansion voranzutreiben. Der US-Anbieter Currensee hat drei Venture-Capital-Unternehmen im Hintergrund, genauso wie Covestor.

6.1 Spread, Fee und Gebühren – die Einnahmequellen

Beim Erwirtschaften von Umsätzen gibt es bei den Mirror-Trading-Anbietern und auch bei den Community-Fonds unterschiedliche Quellen. Aus Sicht des Traders und des »Endkunden«, also des Anlegers, haben die Einkunftsarten Vor- und Nachteile, die hier vorgestellt werden sollen.

Der Spread

Die Differenz zwischen An- und Verkaufspreis bei einem Wertpapier, einem Devisen- oder CFD-Kontrakt, kurz Spread, ist eine dieser Erlösquellen. Bei mehreren Vorreitern des Social Tradings ist er der wichtigste Umsatz- und Gewinnbringer.

Aus einem Aufschlag bei dieser Differenz werden etwa bei ayondo die Firma selbst, der Top-Trader und der Partner-Broker Gekko Global Markets vergütet. In der Praxis bedeutet dies, dass bei jedem Trade im Dax-CFD der Spread beim Handel von einem auf zwei oder drei Punkte ausgeweitet wird. Der Kaufpreis liegt dann bei 8.225 Punkten, der Verkaufspreis bei 8.222 Punkten. Der Broker selbst kann einen solchen Kontrakt aber zu deutlich günstigeren Konditionen am Terminmarkt weiterreichen. Die erzielte Differenz ist sein Ertrag.

Auch eToro und ZuluTrade finanzieren sich zum Großteil über den Spread. Obwohl in Wikifolio keine CFD- oder Forex-Produkte zu finden sind, spielt der Spread bei dem Unternehmen indirekt eine Rolle. Denn die Aktien oder ETFs werden von den Tradern stets über das Handelshaus Lang & Schwarz ge- und verkauft. Lang & Schwarz stellt während der Börsenöffnungszeiten nach eigenen Angaben »marktnahe« Preise. Auch dabei gibt es aber eine Differenz zwischen An- und Verkaufspreis. Bei Aktien und den börsengehandelten Indexfonds liegt diese üblicherweise im Promillebereich. Bei ETFs, die gehebelt sind oder einen Rohstoff oder ein Devisengeschäft abbilden, kann sie jedoch bis zu einem halben Prozent ausmachen.

Bei den Zertifikaten, die aus den Wikifolios entstehen, gibt es ebenfalls einen Spread. Er liegt in der Regel ebenfalls bei einem halben Prozent des Zertifikatepreises. In beiden Fällen sorgen die Spreads für Erträge beim Handelspartner Lang & Schwarz.

Performance Fee

Eine zweite wichtige Einnahmequelle für Plattformbetreiber ist die Performance Fee, also eine erfolgsabhängige Vergütung. An dieser haben stets auch die Signalanbieter einen Anteil, oft sogar den größeren. Bei Currensee und United Signals erhalten die Profi-Trader 15 Prozent der Gewinne als Vergütung ausgezahlt, fünf Prozent gehen an die Unternehmen (bei United Signals wird auf die Performance Fee noch Umsatzsteuer aufgeschlagen). Die Vergütung wird bei United Signals nur nach Erreichen neuer Höchststände fällig.

Wikifolio teilt sich eine Performancegebühr ebenfalls mit dem Trader, sie wird aber von diesem in einem vorgegebenen Rahmen festgelegt, fällt aber auch hier nach dem Höchststandsprinzip nur bei neuen Hochs im Wikifolio an.

Erfolgsabhängige Einkünfte erzielen auch drei der vier vorgestellten Fondsprodukte. Nur der Investtor Mitmachfonds verzichtet darauf. Allerdings ist die Zahlung der Gebühr bei zwei Anbietern an bestimmte Voraussetzungen gebunden. Bei sentix etwa werden 20 Prozent nur auf

Gewinne fällig, wenn das anvisierte Ziel einer Wertentwicklung von fünf Prozent oberhalb des Geldmarktzinses übertroffen wird. Intelligent Recommendations bittet nur per Fee zur Kasse, wenn der Vergleichsindex übertroffen wurde, und auch nur dann, wenn ein neuer absoluter Höchststand erreicht wurde.

Gebühren und Abos

Unabhängig von Handelsvolumen und Performance sind Gebühren eine weitere Einnahmequelle, die allerdings nicht bei allen Anbietern sprudelt. Bei den Fonds ist dies eine Managementgebühr, die in jedem Fall zu zahlen ist. Sie liegt bei einem bis 1,5 Prozent jährlich.

Die Mirror-Trading-Firmen nutzen Gebühren in unterschiedlicher Weise. Bei den Wikifolios ist eine jährliche Zertifikategebühr von 0,95 Prozent zu zahlen. Covestor teilt sich eine Gebühr zwischen 0,5 und zwei Prozent mit dem Model Manager, Currensee verlangt eine Gebühr von zwei Prozent der Kundeneinlage pro anno als Fixum.

Bei eToro machen auch die Gebühren beim Rücktransfer der Kundengelder vom Handelskonto einen Teil der Einnahmen aus.

Rückvergütungen

Bei Moneymeets ist die Rückvergütung eines Teils der Fondsprovisionen der wichtigste Teil des eigenen Geschäftsmodells. Über diese Provisionen werden nicht nur das Unternehmen, sondern auch die »Leader« und die Anleger honoriert, die über die Plattform Fondsprodukte kaufen.

Rückvergütungen beziehungsweise Großhandelskonditionen auf die üblichen Spreads nutzen aber auch Unternehmen, die mit Partner-Brokern arbeiten. Dazu gehören Currensee, United Signals und ZuluTrade. Solche Rückvergütungen sind an den Umsatz gekoppelt, den die Broker dank der Anleger machen, die ihnen die Social-Trading-Dienstleister vermittelt haben.

Lizenzen und Börsenbriefe

Wikifolio und sharewise sehen sich auch als Dienstleister in technologischer Hinsicht. Während sharewise zum Beispiel sein Know-how beim Aufsetzen und Betreiben einer Community etwa an den Online-Broker CortalConsors vermarktet, sind Börsenbriefe und kostenpflichtige Newsletter eine Einnahmequelle für die Social-Trading-Unternehmen. sharewise vertreibt einen solchen Börsenbrief, bei Intelligent Recommendations gibt es für eine kostenpflichtige Premium-Mitgliedschaft detaillierte Auswertungen aus dem Datenfundus. Gleiches gilt für sentix, wo einige Publikationen gegen Gebühr zur Verfügung gestellt werden.

Die Einkünfte der »anderen«

Das Geschäft des Social Tradings ist in der Regel aber keine Dreier-Beziehung zwischen Anleger, Profi-Trader und der Plattform, die beide zusammenbringt.

Denn Partner-Broker im CFD- und Forex-Bereich verdienen an jedem Trade mit. Wie hoch dabei die Marge ist, hängt wiederum von den Spreads ab, die die Handelsprodukte aufweisen. Bei Positionen, die der Trader über Nacht hält, fällt zudem eine kleine Leihgebühr an, die etwa zwei bis drei Prozent über dem Geldmarktzins liegt. Einige der angekoppelten Broker belegen auch einzelne Trades in bestimmten Basiswerten mit einer Gebühr.

Die Broker können ebenso an den Trades der Signalgeber und Anleger selbst verdienen, indem sie die Gegenposition am Markt einnehmen. ayondo etwa weist in seinen AGB ausdrücklich auf einen potenziellen Interessenkonflikt zwischen dem Partner-Broker Gekko und den Kunden hin. Inwieweit die Möglichkeit des Eigenhandels genutzt wird, ist freilich schwer einsehbar.

Im Fall von Wikifolio ist es das Handelshaus Lang & Schwarz, das am Spread verdient, und zwar bei den Transaktionen der Trader mit den Aktien oder ETFs. Bei den handelbaren Zertifikaten ist Lang & Schwarz mit einem Teil der Zertifikate- und Performancegebühr beteiligt.

Bei den Fonds-Varianten sind selbstverständlich die Fondsgesellschaften selbst mit einer Gebühr auf die angelegten Gelder beteiligt.

6.2 Auf dem Weg zum fairen Vergütungssystem

Aus der Sicht des Anlegers sind die fixen und variablen Gebühren auf das Handelsvolumen, auf die Performance oder auf das eigene Kapital in erster Linie Kostenfaktoren. Die gute Wertentwicklung eines Traderportfolios oder eines Fonds wird dadurch bis zu einem gewissen Grad in Mitleidenschaft gezogen.

Wie sehr das der Fall ist, hängt wiederum von mehreren Faktoren ab. Ein erhöhter Spread kostet bei jeder Transaktion. Je mehr gehandelt wird, um eine bestimmte Performance zu erreichen, desto stärker wirkt er sich naturgemäß aus.

Wenn dagegen über eine Performance Fee abgerechnet wird, ist die Handelsaktivität des Signalgebers wiederum irrelevant. Was zählt, ist nur das Ergebnis. Wenn dieses dann per Erfolgsvergütung mit einem Fünftel belastet wird, so werden aus 20 Prozent Rendite beim Trader nicht mehr ganz so attraktive 16 Prozent beim Follower.

Eine Abonnementgebühr, die monatlich zu entrichten ist, wäre zwar optimal planbar, verdirbt aber gerade bei kleineren Konten die Rendite. Wer jeden Monat 50 Euro an fixen Gebühren zahlen muss, ist bei einer Kontogröße von 5.000 Euro allein mit 600 Euro jährlich an Abozahlungen belastet, das entspricht zwölf Prozent des Einsatzes.

Überschaubarer erscheint da die jährliche Belastung mit einem oder zwei Prozent des eingesetzten Kapitals. Diese ist jedoch in der Regel nur ein Teil der Gebühren bei den Social-Trading-Anbietern.

Welche Variante ist nun aus Sicht des Signalgebers und welche aus Sicht des Signalnehmers die günstigste? Und welche Art von Vergütung passt zu welchem Tradingstil?

Unter den Anbietern des Mirror-Trading weisen die Plattformen mit CFD- und Forex-Produkten prinzipiell die niedrigsten Kostenbelastungen auf. Selbst bei ausgeweiteten Spreads (etwa auf zwei Punkte im Dax-Kontrakt oder drei Pips beim Euro-Dollar-Verhältnis) liegen die Spreads hier nur bei 0,02 bis 0,04 Prozent.

Damit sind auch Handelsstrategien einsetzbar, die je Trade nur wenige Punkte oder Pips Gewinn erzielen. Trader, die an einem Handelstag mehrere Trades durchführen und jeweils nur kleine Gewinne einfahren, haben bei größeren Spreads Probleme, überhaupt die Gewinnzone zu erreichen.

Daytrader mit Spread-Problemen

Noch günstiger fahren gerade sehr aktive Trader mit Plattformen, auf denen der Spread bei CFD- und Forex-Instrumenten nicht ausgeweitet ist, weil sich sowohl die Plattform als auch die Vergütung über die Performance finanzieren. Die Wahrscheinlichkeit, hier langfristig erfolgreiche Daytrader anzutreffen, dürfte höher liegen.

Aus Sicht der Anleger, die einem Tradingprofi folgen wollen, ist die Performance Fee, also die Erfolgsvergütung, am ehesten nachvollziehbar: Nur wenn Gewinne erzielt werden, wird eine Gebühr fällig. Bei Verlusten im Konto muss der Follower nicht auch noch den erfolglosen Trader bezahlen.

Unter den hier aufgelisteten Plattformen finanzieren sich Currensee, United Signals und Wikifolio prinzipiell über die Erfolgsgebühr. Bei Currensee hat der Anleger aber noch eine jährliche Gebühr von zwei Prozent zu entrichten, bei Wikifolio liegt die Zertifikategebühr bei knapp einem Prozent pro Jahr.

Eine volumenbasierte Vergütung der Trader hat bei den Anbietern wie ZuluTrade und ayondo oft den Nebeneffekt, dass bewusst hohe Tradezahlen eingegangen werden, um hohe Vergütungen einzufahren. Aus Sicht des Plattformbetreibers ist das durchaus erwünscht, verdient er doch an den Handelsvolumina kräftig mit.

Die Praxis ist für den Anleger potenziell explosiv. Denn er schultert die Risiken mit, die die Trader mit der Vielzahl von Geschäften eingehen.

Wenn die Signalgeber noch dazu mit Demokonten handeln, ist der Follower sogar der Einzige, der das Risiko übernimmt.

ayondo hat mit seiner aktuellen Version einen neuen Weg beschritten: So wird der Trader zwar nach wie vor über die gehandelte Lot-Zahl seiner Anhänger vergütet. Die Honorierung ist jedoch gestaffelt nach der erreichten Karrierestufe. Das Unternehmen plant zudem, künftig auch über erfolgsorientierte Bezahlung der Top-Trader neue Anreize zu setzen.

Durch die schlechtere Bezahlung von Tradern mit hohem Risikoprofil hat ayondo nach eigenen Angaben deutliche Umsatzeinbußen hinnehmen müssen. Und hier dürfte die Krux im System der reinen Performanceorientierung liegen: Ohne Beteiligung am Umsatz und ohne eine Art »Basisgebühr« wackelt die Geschäftsgrundlage vieler Anbieter.

Drei Bausteine für eine faire Vergütung

Ein Vergütungsmodell, das allen drei Partnern im Social Trading gerecht wird, also den Plattformbetreibern, den Tradern und den Anlegern, braucht wohl mehrere Bausteine:

- eine moderate Anhebung der Spreads,
- eine Basisgebühr, damit die Anbieter sich finanzieren können,
- und zusätzlich eine erfolgsorientierte Vergütung, die der Trader alleine für sich beanspruchen kann. Schließlich ist es der Erfolg seiner Strategie, der dem Anleger Rendite beschert.
- Bei Social-Trading-Portalen, die den Trader weiterhin vorrangig über eine Beteiligung am Handelsumsatz vergüten, bleibt die Qualitätskontrolle eine wichtige Aufgabe. Sie müssen sicherstellen, dass die Trader nicht gegen ihre Follower arbeiten, indem sie ihnen zu hohe Risiken aufbürden. Alarmfunktionen wie bei ZuluTrade und auch ayondo können dabei helfen; genauso wie strikte Vorgaben für Handelsrisiken und Verlustphasen.

simplified

7 Resümee: Was leistet Social Trading?

Seit mehr als fünf Jahren ist Social Trading als alternative Anlageform existent. In Deutschland wird das Phänomen allerdings erst seit zwei bis drei Jahren stärker wahrgenommen. Der Start einer Vielzahl von Angeboten scheint auf einen kleinen Boom hierzulande hinzudeuten. Die Steigerung der Nutzerzahlen bei vielen Anbietern unterstreicht das. Auch die Medien haben das Thema in den vergangenen Monaten für sich entdeckt.

Die vorgestellten Plattformen und Produktanbieter haben grundverschiedene Ansätze. Sie sprechen unterschiedliche Zielgruppen von Anlegern an, vom kurzfristig orientierten renditehungrigen »Zocker« bis zum konservativen Privatinvestor, der mit gebremstem Risiko investieren will.

Egal ob Mirror-Trading-Ansätze, wie bei eToro oder ayondo, ob »Kollektivfonds«, wie die von sharewise, Investtor oder Intelligent Recommendations, oder Plattformen, die in erster Linie dem Austausch über Fondsprodukte dienen, wie bei Moneymeets: Alle Unternehmen sind letztlich Kinder des Social Web. Das **»Follower«-Prinzip**, wie es auch aus sozialen Netzwerken wie Facebook bekannt ist, spielt bei den meisten von ihnen eine Rolle.

In mehr oder minder abgeschlossenen **Communitys** wird Wissen, oft wohl auch Unwissen, gesammelt und diskutiert. Dazu dienen Formen von **Blogs**, Kurzmeldungen wie bei **Twitter** oder auch verkaufsfördernde Profileinträge, die denen in Businessnetzwerken ähneln.

Es werden **Bewertungen** über Produkte oder Trader abgegeben, die mit ihren Handelssystemen gewissermaßen zu einem eigenen Produkt geworden sind. Einige der Anbieter wollen Techniken nutzen, um die »Schwarmintelligenz« oder **»kollektive Intelligenz«** zu nutzen.

Und ein weiteres Bindeglied zwischen den Akteuren im Social Trading ist ihr Ziel, neue und erfolgreichere Anlagemöglichkeiten zu schaffen, die abseits des Finanz-Establishments von Großbanken und Fondsgesellschaften angesiedelt sind.

In diesem Kapitel sollen diese Ansprüche noch einmal für die beschriebenen Anbieter überprüft werden. Werden die Möglichkeiten des »sozialen« Internets sinnvoll genutzt? Und gelingt es den Social-Trading-Plattformen tatsächlich, Mehrwert für private Investoren im Finanzmarkt zu schaffen?

7.1 Wie Social Trading das Web 2.0 nutzt

Eine eigene Hemisphäre betritt der Nutzer bei allen Anbietern von Social Trading. Die Registrierungsfunktion ist allerdings auch schon einer der wenigen kleinsten gemeinsamen Nenner in der bunten Landschaft der Anbieter mit ihren ganz unterschiedlichen Herangehensweisen.

Bei der Registrierung gibt der Kunde, der alle Funktionen eines Angebots nutzen will, stets auch persönliche Daten preis. Zumindest erfordert das jeweilige technische System Namen und E-Mail-Adresse. Wer als »Social Guru«, »Trade Leader« oder »Top-Trader« agieren will, muss außerdem noch eine Identifikation zum Beispiel in Form einer Ausweiskopie hinterlegen.

Als »Follower«, der sein Konto bei den Profi-Tradern andocken will, muss man Daten über sich preisgeben. Dabei geht es um so sensible Informationen wie den eigenen Kontostand. Transaktionen werden transparent gemacht, zumindest für den Broker und das Unternehmen, das Profi- und Amateuranleger miteinander verbindet. In der Regel muss der Broker, der die Trades abwickelt, eigens dazu autorisiert werden.

Plattformen wie sentix und Intelligent Recommendations, die Empfehlungen oder Stimmungen nutzen, wollen meist noch mehr wissen. Informationen, etwa zur beruflichen Qualifikation, zur Risikoneigung oder zum Anlagehorizont, sind gefragt.

Community-Feeling

Ob der Nutzer mit seiner Registrierung Teil eines ausgewachsenen sozialen Netzwerkes wird, das entscheiden die Plattformbetreiber ganz unterschiedlich.

Bei den Fondsschöpfern Intelligent Recommendations und sentix sind die Nutzer geschätzte Lieferanten von Empfehlungen und Stimmungsbildern. Sie bilden aber keine eigene Gemeinschaft. Manfred Hübner von sentix und Corvin Schmoller von Intelligent Recommendations halten das sogar für eine entscheidende Voraussetzung ihrer Systeme. Eine Community, in der gegenseitige Einflussnahme stattfindet, verschlechtert die Prognosen. Eine durchaus legitime Position.

Bei sharewise und bei dem erst Ende 2012 gestarteten Portal Moneymeets ist das »soziale« Element die Kernkompetenz der Plattform. sharewise will die Empfehlungen der Anleger nicht nur als Impulsgeber für den eigenen Community-Fonds nutzen. Sie sollen auch allen anderen Teilnehmern zur Verfügung stehen. Ähnlich gelagert ist das Interesse bei Moneymeets. Der Austausch über die jeweils »richtige« Geldanlage, gegenseitige Information steht hier im Mittelpunkt. Wer in der Gemeinschaft aktiv ist, erhält sogar Belohnungsanreize.

Die gibt es auch bei eToro und ZuluTrade. Für sie ist der Gemeinschaftsgedanke ein Verkaufsargument, das ziemlich intensiv genutzt wird. Die Community schwärmt aus, diskutiert und sucht sich ihre »Social Gurus« aus. Bei eToro wird sie dabei noch von »Evangelisten« unterstützt, Multiplikatoren, die den Usern als Kontaktpersonen zur Verfügung stehen und sie in die eigene Gemeinde einführen sollen.

Ob Guru oder nicht, innerhalb der Community bilden sich mehr oder weniger profilierte virtuelle Identitäten heraus, ebenfalls ein Effekt des Social Web. Beim Mirror-Trading sind die Rollen klar verteilt: auf der einen Seite die »Profis«, die mit ihrer Erfahrung und ihrem Wissen über die Märkte den »Leader«-Status innehaben, und auf der anderen Seite die »Follower«. Bei einigen der Plattformen wird an diesem Prinzip nicht gerüttelt.

Currensee, United Signals und Covestor legen auf diese klare Rollenverteilung großen Wert. Currensee hat durch die Gründung von Trading-»Teams« in seinem später geschaffenen Social Network aber eine separate Spielwiese für private Anleger geschaffen, die eine Gemeinschaft bilden wollen.

Bei Wikifolio, sharewise, ayondo oder Moneymeets gibt es diese Trennung nicht. Private Anleger werden geradezu ermutigt, auch auf der anderen Seite mitzuspielen. Jeder kann ein Wikifolio aufbauen oder versuchen, ein ayondo-Top-Trader zu werden. Die Gemeinschaft bestimmt durch ihre Gefolgschaft letztlich selbst, wer ein Anführer ist.

Die Grenzen zwischen Anführer und Anhänger verschwimmen bei einigen Anbietern dadurch, dass Follower sich gleichzeitig selbst zu einem solchen Anführer entwickeln können. Sie bekommen bei mehreren Plattformen das Zusammenbauen von »Dach-Strategien« sogar vergütet. Bei eToro oder ZuluTrade sind einige der erfolgreichsten Trader selbst zum Teil eine Art »Trittbrettfahrer« bei anderen Signalgebern. Wikifolio denkt über die Einführung von Dachzertifikaten nach, die die besten Strategien aus allen Wikifolios abbilden sollen.

Social Sharing

Das »Youtube«-Prinzip ist die am stärksten verbindende Eigenschaft aller Social-Trading-Aktivitäten. Statt Videos werden hier aber Fakten, Meinungen und ganze Handelsstrategien der Anlegergemeinde präsentiert.

Dieses Prinzip des »Social Sharing« ist ein wesentliches Element des Social Web. Es findet sich neben Video- oder Fotoplattformen auch in sozialen Netzwerken wieder. Dort werden Inhalte aller Art den Mitlesern oder Zuschauern zur Verfügung gestellt.

»Social Bookmarks«, mit deren Hilfe mit einem Mausklick die Freunde und Follower informiert und unterhalten werden, dienen dabei oft als Werkzeuge. Damit werden Tweets auf die Reise geschickt oder die eigene Facebook-Seite eingebunden. Viele der Social-Trading-Plattformen haben diese Kommunikationsbeschleuniger bereits eingebunden.

Die Informationen, die zum Beispiel über die Handelsstrategie und die dahinterstehenden Akteure verfügbar gemacht werden, unterscheiden sich bei den einzelnen Plattformen erheblich. ayondo etwa hält die Angaben über den Signalanbieter bewusst minimal. Dafür werden viele Auswertungsinformationen bereitgestellt, aus denen der potenzielle Follower seine Schlüsse ziehen soll. Die komplette Transaktionshistorie und die Aufschlüsselung von Risikoparametern liefern mehr sachdienliche Hinweise über eine Strategie als eine ausführliche Darstellung in Schriftform, so argumentieren die Frankfurter.

Ganz anders bei Wikifolio, hier werden die Top-Trader sogar bewusst der Community vorgestellt. Darüber hinaus sind die Wikifolio-Anbieter stets mit Klarnamen präsent. Eine Strategiebeschreibung und eine Eingrenzung des eigenen Anlageuniversums sind obligatorisch.

Eine solche Kurzvorstellung des eigenen Ansatzes und der eigenen Person verlangen auch alle anderen Mirror-Trading-Plattformen, allerdings mehr oder weniger detailliert. Bei eToro und ZuluTrade reichen ein paar Gemeinplätze zur Auswahl der Basiswerte oder dem technischen Indikator, dem die Strategie folgt. Covestor, Currensee und der deutsche Social-Trading-Neuling United Signals verlangen eine etwas detailliertere Erläuterung.

Nicht nur zur Selbstdarstellung, sondern auch zur Kommentierung der eigenen Trades können die Signalanbieter ihren Account in vielen Fällen nutzen. Die Möglichkeit dazu bieten alle hier beschriebenen Plattformen mit Signalanbietern, mit der Ausnahme von ayondo. Genutzt werden sie allerdings oft nur sehr spärlich. Die Mehrheit der Trader empfindet es offenbar als aufwendig, Transaktionen zu beschreiben.

Vor allem bei Handelssystemen, die vollautomatisch ablaufen oder auf technischer Analyse beruhen, ist das wohl auch wenig ergiebig. Ein Signal ist nun einmal ein Signal, und eine »Schulter-Kopf-Schulter-Formation« gibt wenig Anlass zu viel Prosa.

Bei sogenannten »diskretionären« Ansätzen, bei denen oft anlassbezogen eine Position aufgebaut oder wieder geschlossen wird, ist der Informationswert eines Traderkommentars deutlich höher. Lesenswert sind daher die Begründungen vor allem bei Wikifolio und sharewise.

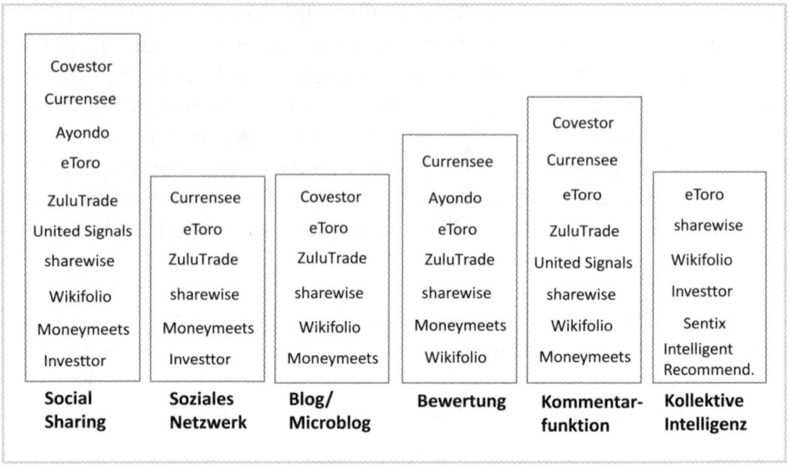

Abbildung 17: Social Trading und Social Web, Quelle: Eigene Darstellung

Über die Analyse der einzelnen Trades kann sich der Anleger ein Bild davon machen, ob die dargestellte Strategie auch tatsächlich umgesetzt wird. Anleger, die ein »Fehlverhalten« entdecken, können darauf reagieren, je nach Plattform aber mit stark unterschiedlicher Schärfe.

ZuluTrade weist eigens auf der Startseite eines Händlerportfolios auf »ungewöhnliches Verhalten« hin. Bei Currensee und United Signals wird ein Trader mit allzu großen Verlusten von seinen Anhängern kurzerhand abgekoppelt, Currensee verbannt ihn sogar vollständig vom Leader Board. ayondo »degradiert« Trader in seiner Karriereleiter um eine oder mehrere Stufen. Das geschieht nicht nur bei schlechter Performance, sondern auch bei Verstoß gegen andere Risikoparameter der jeweiligen Stufe.

Und die Fondsanbieter unter den hier zusammengefassten Social-Trading-Unternehmen? Intelligent Recommendations stellt seinen registrierten Nutzern die Transaktionshistorie des Fonds zur Verfügung. Außerdem werden sie mit vielerlei Auswertungen zu den Empfehlungen des Kollektivs beliefert.

Bei sharewise sind die Empfehlungen des Clubs der »Top100-Mitglieder« transparent auf der Plattform einsehbar. Ihre Empfehlungen bestücken den Fonds, Aktien, die sie zum Verkauf empfehlen, lösen eine Short-Position aus.

Der Investtor Mitmachfonds schlüsselt die Transaktionen in seiner neuen Version ebenfalls auf. Dazu erhält der Nutzer aber auch mehr Informationen über die neu auserkorenen Top-Empfehlungsgeber und deren Favoriten.

Bei den Fonds von sentix sind die Erhebungen der befragten Anleger nur ein Aspekt beim Management des Fondsportfolios. Hier muss der Anleger über ein Studium der monatlich veröffentlichten Fonds-Newsletter und natürlich über den Erfolg des Fonds selbst überprüfen, ob die Strategie noch eingehalten wird.

Blogs und Kurznachrichten

Kommentieren können bei eToro und ZuluTrade auch die Anhänger eines Traders. Dazu können sie twitterartige Kurznachrichten absenden, die für alle Nutzer sichtbar sind.

Twitterfunktionen, die innerhalb der Plattform selbst ablaufen, hat neben eToro auch sharewise an Bord. Hier tickern, zum Teil im Sekundentakt, Benachrichtigungen über Transaktionen, Kommentare oder auch aktuelle Diskussionsbeiträge über den »Ereignishorizont« der Plattformen.

Bei einigen Mirror-Trading-Dienstleistern besteht aber nur eine Beziehung zwischen Signalnehmer oder Signalgeber auf der einen und dem Plattformbetreiber auf der anderen Seite. Eine Vernetzung der »Kundschaft« untereinander findet nicht statt, sie widerspricht dem eigenen Ansatz.

Beim US-Anbieter Currensee, aber auch bei United Signals, gibt es optional die Möglichkeit zur Kontaktaufnahme mit dem Signallieferanten über Kontaktdaten im Profil. Gleiches gilt für Wikifolio. Der Community wird bei den Österreichern ohnehin eine wichtige Rolle zugewiesen. Denn nur durch eine ausreichende Anzahl von Interessenten wird eine Strategie überhaupt investierbar.

ayondo-Chef Alexander Surminski will den Austausch zwischen Tradern und Followern künftig stärken. Dazu wird allerdings keine eigene Community aufgebaut werden. Stattdessen sollen unter dem Dach von Google+ Diskussionsgruppen eingerichtet werden.

Die beiden international aktiven Anbieter eToro und ZuluTrade legen zwar viel Wert auf die Community. Kontaktmöglichkeiten gibt es zwischen allen Nutzern allerdings nur über die öffentlichen Kanäle der Plattform in Form von Meinungsäußerungen oder Forumsbeiträgen, nicht in direkter Weise.

Bewertungen

Eine zentrale Errungenschaft des Social Web ist die Meinungsäußerung des »Kollektivs« oder der Gemeinde in Form von Bewertungen. Als Käufer von Produkten aller Art im Internet wird man zwangsläufig zum Leser von Bewertungen, wie etwa bei Amazon. Wer eine Ferienreise bucht, schaut bei Portalen wie Holiday-Check nach einer Wiederempfehlungsquote für Hotels und stöbert durch die Berichte der Kundschaft.

Bei Social-Trading-Angeboten ist die **Follower-Funktion** eine wichtige Bewertung an sich. Sie sagt aus, wie viele einen Trader beobachtet und auf ihrer »Watchlist« eingebunden oder sogar mit eigenem Geld kopiert haben.

Die Anbieter handhaben die Veröffentlichung der Follower in unterschiedlicher Weise. Bei eToro wird die Zahl der Verfolger und der »Copier« unterschieden. Nur Letztere hängen mit ihrem echten Konto an dem »Guru«. ZuluTrade veröffentlicht die Zahl der Follower mit Echtgeld und die auf den Trader gesetzte Summe in US-Dollar. Bei Currensee werden nur echte Follower respektive Abonnenten auf den Übersichtsseiten angezeigt.

Die deutschen Mirror-Trading-Vertreter handhaben diese Form der Bewertung ebenfalls unterschiedlich. Wikifolio gibt für jede seiner Strategien die Summe an, mit der Anleger in den entsprechenden Wikifolio-Zertifikaten investiert sind. Bei ayondo enthält die genannte Zahl der

Follower bislang sowohl die der angedockten Echtkonten wie der Interessenten, die einen Top-Trader nur beobachten. Beide Zahlen sollen demnächst getrennt aufgeführt werden. United Signals schließlich gibt derzeit (noch) keine Bewertungen in dieser Form preis.

Bei sharewise können gleich mehrere Abstimmungsfunktionen genutzt werden. Die Top-Mitglieder können »Likes« sammeln, die öffentlich gemacht werden. Zudem ist die Zahl der Nutzer sichtbar, die als Follower über aktuelle Empfehlung von diesen Leadern informiert werden. Moneymeets weist auf seinem »Marktplatz« sowohl diejenigen Nutzer aus, die einem der Leader mit ihrem Konto folgen, als auch diejenigen, die dessen Aktivitäten nur beobachten.

Kommentarfunktion

Neben der Abstimmung der Gemeinde über reines Interesse oder über den eigenen Geldbeutel kann im Social Trading auch in freier Prosa kommentiert werden, was die Profis, Top-Trader, Social Gurus oder Leader in ihren Konten tun. In einigen Fällen geschieht dies über die Plattform des Anbieters selbst, in anderen werden soziale Netzwerke, allen voran Facebook, genutzt. Dort kann dann vernichtende Kritik geübt oder ein Begeisterungssturm entfacht werden.

Nicht alle Anbieter bieten allerdings diese Möglichkeit. Bei Currensee ist eine Kommentierung lediglich indirekt über das angebundene soziale Netzwerk möglich, nicht jedoch auf der Profilseite des Trade Leaders. Covestor, ebenfalls aus den USA, nutzt die User gar nicht als Bewertungsinstanz, Gleiches gilt für ayondo. Das Frankfurter Unternehmen plant aber, über das Netzwerk Google + Gruppen einzurichten, wo Top-Trader und Follower miteinander diskutieren können, Bewertungen dürften dann einfließen.

Massiv genutzt wird die Kommentarfunktion bei eToro und ZuluTrade. Bei ZuluTrade sind die aktuellsten Meinungsäußerungen der Gefolgschaft bereits in der Profilseite des Traders eingebaut. Hier werden einzelne Trades zum Teil sehr emotional bewertet. Bei eToro läuft ein steter Informationsfluss über einen »Trading Feed« auf der Seite der »Social Gurus«. Hier werden alle Trades in Echtzeit eingeblendet und vermischen sich mit den Kommentaren der Follower und des Traders selbst.

Auf sharewise, wo ja in erster Linie empfohlen wird, können die Tipps direkt wieder von anderen Nutzern kommentiert werden. Bei Moneymeets werden jeweils die Musterdepots der »Leader« kommentiert, falls es etwas zu kommentieren gibt.

United Signals hat testweise die Einbindung der Kommentarfunktion via Facebook auf der Profilseite der Strategieanbieter eingebaut, will die Sinnhaftigkeit nach Angaben des Unternehmens aber noch überprüfen.

Bei Wikifolio schließlich werden die Kommentare der Trader zwar in Sekundenschnelle auf der Plattform verbreitet, Nutzer können die Strategien der Wikifolios und einzelne Trades aber (noch) nicht kommentieren. Sie weichen dazu vereinzelt in Börsenforen aus, wo sich auch einzelne Wikifolio-Betreiber der Diskussion stellen.

Kollektive Intelligenz

Die Weisheit der Vielen, kollektive Intelligenz oder Schwarmintelligenz – egal welcher Begriff jeweils bevorzugt wird –, das Zusammenwirken vieler in einer Gruppe, kann höherwertiges Wissen schaffen, als es dem Einzelnen möglich ist. Das gilt auch bei der richtigen Geldanlage.

Viele der hier vorgestellten Anbieter wollen diese Fähigkeit nutzbar machen. Dazu werden eigene Wege beschritten. Die Entscheidung vieler Follower für wenige erfolgreiche Trader soll aus Sicht der meisten Mirror-Trading-Plattformen bereits ein höheres Wissen sein. Hier wird gewissermaßen das Prinzip des Publikumsjokers aus bekannten TV-Ratesendungen bemüht.

Die Beobachtungen legen den Verdacht nahe, dass es sich oftmals eher um Herdenverhalten handelt, das keine höherwertige Intelligenz darstellt. Das Trampeln der Anlegerherde, das ist auch im »normalen« Finanzmarkt ein wohlbekanntes Phänomen.

Seine Stärken scheint das Kollektiv dann zu haben, wenn die einzelnen Anleger unabhängig voneinander Prognosen abgeben oder Anlagefavoriten benennen. Das dadurch entstehende Wissen kann, richtig interpretiert, durchaus genutzt werden, um bessere Entscheidungen zu treffen. Die Anbieter der Fondslösungen, die hier vorgestellt wurden, nutzen diese Erkenntnis, mit unterschiedlichen Ansätzen und bislang auch sehr unterschiedlichen Erfolgen.

Weitere Ansätze, die Weisheit der Vielen zu nutzen, sind aber auch bei anderen Plattformen erkennbar. So lässt Wikifolio das Publikum entscheiden, welches der Musterdepots überhaupt als Wikifolio-Zertifikat verbrieft wird. Zudem veröffentlicht das Unternehmen täglich die Tradingbilanz der zehn am meisten gehandelten Werte, mit Kauf- und Verkaufsquoten.

eToro blendet eine Auswertung der aktuellen Kauf- und Verkaufsaktivitäten der Nutzer zu jedem Einzelwert ein, ein eigenes Sentiment gewissermaßen. Daraus kann der Anleger einen »Bias« innerhalb der Gemeinde ableiten – und entsprechend reagieren.

Abseits der Anstrengungen einzelner Plattformen in Sachen kollektiver Intelligenz: Vielleicht ist das Phänomen des Social Tradings insgesamt als Gemeinschaftsprojekt zu verstehen, das letztlich höheres Wissen schafft. Wissen über Zusammenhänge im Finanzmarkt zum Beispiel, oder über die Chancen und Risiken neuartiger Anlageprodukte und neuer Anlageformen.

Wikis im Social Trading

Eine der Urformen des Social Web und gleichzeitig seine imposanteste Errungenschaft ist Wikipedia. Die Möglichkeit, das Wissen in der Zusammenarbeit vieler zusammenzutragen, ist beispielgebend: »user generated content«.

Viele Social-Trading-Plattformen fühlen sich dem Gedanken verpflichtet. Kooperation vieler Individuen lässt auch im Finanzmarkt ein neues, höherwertiges Wissen entstehen, so die Idee. Bei Wikifolio ist sie sogar im Unternehmensnamen verankert.

Tatsächlich entsteht auf den Anbieterseiten vielfältiger Content. Handelsstrategien werden vorgestellt und in der Praxis angewendet. Trader auf der einen und Follower auf der anderen Seite kommen in Kommentaren zu Wort. In Blogs und Foren äußern sich auch die Betreiber der Plattformen. Nicht selten nehmen sie Impulse aus der Gemeinschaft der Nutzer auf, um das eigene Angebot zu verändern.

Naturgemäß ist die Kooperation aller Beteiligten immer auch von Interessen geleitet. Der Follower möchte Rendite und Sicherheit bei seiner Anlage. Der Trader, der Plattformbetreiber und die Broker im Hintergrund verfolgen ihre geschäftlichen Ziele. Ob unter diesen Voraussetzungen höheres Wissen durch bewusste Kooperation erzeugt wird, muss sich wohl erst noch zeigen.

Die Zusammenarbeit der Vielen im Sinne von Empfehlungen wird in jedem Fall von den Mitmachfonds genutzt. Sie legen aber Wert darauf, dass eine Unabhängigkeit der Nutzer voneinander besteht. Als gemeinsames Erarbeiten von Wissen kann man dies also wohl kaum bezeichnen.

Bei den Mirror-Trading-Anbietern können sich Nutzer oft auf Foren zu allen Themen rund ums Trading austauschen. In den meisten Fällen können solche Diskussionen auch innerhalb des Unternehmensauftritts auf Facebook oder Google+ geführt werden. Dabei handelt es sich aber um »moderierte« Diskussionsrunden, in die der Betreiber letztlich auch in seinem Sinne eingreifen kann.

Ein unabhängiges, freiwilliges und unentgeltliches Zusammentragen von Wissen über Social Trading und einzelne Strategieansätze findet außerhalb der Plattformen statt. Schon jetzt sind in den einschlägigen Börsen- und Finanzforen, aber auch in einigen privaten Blogs, viele Erfahrungsberichte, Kritik und Verbesserungsvorschläge zusammengetragen worden. Wallstreet-Online hat so etwa Anfang 2013 ein eigenes Unterforum Social Trading eingerichtet, übrigens auf Initiative eines Bloggers.

7.2 Welchen Mehrwert Social Trading schafft

Ist Social Trading als Anlageform eine Alternative für den Privatanleger? Gelingt es den bislang aktiven Anbietern aus Sicht des privaten Investors Mehrwert zu schaffen? Unter Mehrwert wird hier nicht nur »mehr Wert«, also eine höhere Rendite bei der Geldanlage, verstanden. Eine Reihe weiterer Kriterien sollen im Folgenden ebenso besprochen werden.

Rendite

Natürlich, bei der Geldanlage geht es vor allem um Rendite. Wer einen Teil seiner Mittel in »Trading«-Strategien investiert, erwartet im Grunde noch mehr Wertzuwachs als bei der Anlage in herkömmliche Aktien, Fonds oder gar Anleihen. Schließlich suggerieren die Anbieter ja, dass ihre Trader am Puls des Marktes arbeiten, und – wenn nötig – intraday auf Bewegungen von Aktien, Rohstoffen oder Währungen reagieren können. Dies noch zu kostengünstigen Konditionen; ohne Transaktionskosten mit minimalen Spreads und ohne lästige Depotgebühren.

Zudem kann der Profi-Trader an allen Märkten auf steigende und fallende Kurse setzen. Er kann seine Position beliebig hebeln und mit ausgefeilten Ordertypen gleichermaßen sein Risiko managen und seine Gewinne einfahren.

Dazu passend flackern die Performancekurven der Top-Trader in den Rankings mit aufsehenerregenden Renditen auf. Die Werbebotschaften tun ein Übriges, um das »Abenteuer« Social Trading als lukratives Investment für alle Beteiligten erscheinen zu lassen.

Die Bilanz sieht nach einigen Jahren seit dem Start der ersten Vertreter des Social Tradings durchwachsen aus. Das gilt in erster Linie für die Mirror-Trading-Angebote, bei denen Anleger sich an Profi-Strategien anhängen können. Hohe Performances und steile Aufwärtskurven in den Konten vieler »Top«-Trader entpuppen sich als wenig dauerhaft.

Das Risiko, mit dem diese Wertentwicklungen erreicht wurden, sorgte bei vielen Anhängern letztlich sogar für Verluste. Denn immer wenn der Performancechart sich bei eToro, ZuluTrade oder ayondo in schwindelerregende Höhen schraubt, springen viele Follower auf – um dann bei der nächsten Talfahrt mit dem eigenen Konto tief in die Verlustzone zu geraten.

Das Spiel wiederholt sich seit Jahren vor allem bei Anbietern, die es ihren »Vorbildern« ermöglichen, mit Demokonten hochriskante Strategien zu fahren. Teilweise werden auch mehrere Handelsstrategien parallel genutzt, immer in der Hoffnung, dass eine von ihnen den erwünschten Katapulteffekt hat und für Vergütungen sorgt. Den Schaden haben dabei ausschließlich die Anleger mit ihren Echtgeldkonten.

Es gibt aber auch echte Profis unter den Tradern. Sie schaffen es teilweise über mehrere Jahre, den Markt deutlich zu schlagen. Ein Blick auf die Model Manager bei Covestor und die Trade Leader bei Currensee zeigt, dass diese echten »Cracks« mit einer langen öffentlichen Handelshistorie von mehreren Jahren rar sind, aber es gibt sie immerhin.

Eine noch kurze Handelshistorie, aber zum Teil beeindruckende Wertzuwächse verbuchen viele Wikifolios. Die Plattform hat es verstanden, einige Strategien anzulocken, die mit Stockpicking erfolgreich am Aktienmarkt agieren. Begünstigt wurden sie in den vergangenen Monaten von einem haussierenden Aktienmarkt. Die Erfolgsgeschichte kann in einer Baissephase an den Märkten so wohl nicht weitergehen.

Bei den Fondsprodukten, die – je nach Ansatz – auf der Weisheit der Vielen, der Verrücktheit der Massen oder auch der kollektiven Intelligenz beruhen, sind die Renditeerwartungen bislang ebenfalls nur zum Teil erfüllt worden. Der erste Mitmachfonds, der Investtor-Fonds, hat seit seinem Start Mitte 2010 knapp zwölf Prozent an Wert gewonnen. Damit schneidet er allerdings schlechter ab als die meisten Aktienindizes im selben Zeitraum. Seit dem Start im Dezember 2012 hatte der sharewise Community Fonds zwischenzeitlich sogar Verluste im einstelligen Prozentbereich zu verkraften, ganz im Gegensatz zu den Aktienmärkten in diesem Zeitraum.

Überzeugend dagegen die Wertentwicklung des sentix Fonds 1. In ihn gehen die Stimmungen der Anleger ein, die die Behavioral-Finance-Spezialisten aus Frankfurt erheben. Nicht die Anleger, sondern das Fondsmanagement von sentix bestimmt allerdings, wie die Weisheit der Vielen im Fonds umgesetzt wird.

Der Intelligent-Recommendations-Fonds ist erst seit Kurzem im Markt und macht Hoffnung auf Überrenditen. Die Vorläuferprodukte haben die jeweiligen Vergleichsindizes in den vergangenen Jahren klar geschlagen.

Wenn es um Mehrwert durch »mehr Rendite« geht, kann die noch junge Plattform Moneymeets ihren Nutzern etwas Verlässliches bieten – nämlich Rabatte auf den Fondspreis. Sie erstattet Innenprovisionen bei Fondsprodukten zum Teil an die Fondskäufer zurück. Ein Effekt, der sich auf lange Sicht läppert. Allerdings: Diese Rendite kommt nicht aus dem Social-Trading-Konzept, sondern ist Resultat einer guten Geschäftsidee.

Transparenz

Die Erfahrungen vieler Anleger mit Banken und Fondsgesellschaften in der Finanzkrise haben das Aufkommen von Social Trading in den vergangenen Jahren befördert. Kunden, die sich beim Bankberater in der Filiale schon lange nicht mehr gut aufgehoben fühlten, sehen in den neuen Anlageformen eine Alternative.

Unverständliche Produktkonstruktionen im Fonds- und Zertifikatebereich, unklare Abhängigkeiten zwischen Berater und Vertrieb haben sie darin bestärkt. Die Pleite der US-Investmentbank Lehman Brothers hat auch das Vertrauen in die Kontrollmechanismen in der Finanzbranche erschüttert.

Social Trading hat eine neue Art von Transparenz möglich gemacht, nicht alle der Anbieter nutzen allerdings diese Möglichkeiten in vollem Umfang.

Der Blick ins Depot eines Vermögensverwalters oder Fondsmanagers in Echtzeit ist eine dieser Möglichkeiten. Die Mirror-Trading-Plattformen bieten diese Transparenz. Der Anleger kann jederzeit und überall live dabei sein, wenn eine Position ge- oder verkauft wird, wenn ein Stop-loss angepasst wird oder eine neue Limitorder auf den richtigen Kurs wartet.

Mit der Offenlegung von Transaktionen schaffen viele der Plattformen einen bisher nicht dagewesenen Kontrollmechanismus. Ein Trader, der gegen seine eigenen Risikovorgaben oder seine Strategie verstößt, kann das nur noch öffentlich tun.

Die Resonanz, die eine Handelsstrategie erfährt, ist im Social Trading öffentlich. Die Zahl der Follower gibt diesbezüglich ein wichtiges Signal. Bei einigen der besprochenen Plattformen ist hier noch mehr Transparenz denkbar. Nicht alle dokumentieren die Follower-Zahlen, und nicht alle unterscheiden zwischen reinen Beobachtern einer Strategie und echten Anhängern, die ihr mit eigenem Geld folgen.

Auch die Transparenz der Trader selbst und ihrer Strategie ist so im Finanzmarkt noch nicht dagewesen. Bei allen hier vorgestellten Mirror-Trading-Portalen ist sie gegeben, mit Ausnahme des deutschen ayondo. Die Strategiebeschreibungen unterscheiden sich allerdings sehr, was die darin enthaltenen Informationen angeht.

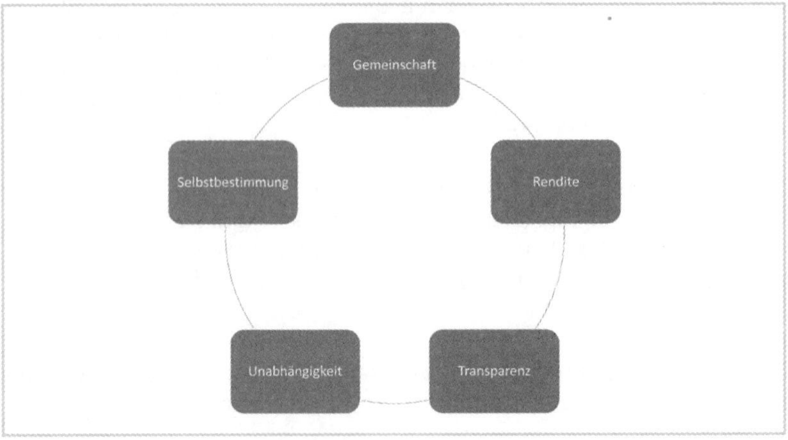

Abbildung 18: Mehrwert durch Social Trading, Quelle: Eigene Darstellung

In den meisten Fällen werden die Signalanbieter persönlich identifiziert. Damit wird offengelegt, wenn sie mehrere Tradingansätze anbieten oder mit einer oder mehreren Strategien bereits Schiffbruch erlitten haben.

Neue Offenheit entsteht durch die klaren Spielregeln bei vielen Anbietern. Nur wer im Rahmen einer Zertifizierung nachweislich bestimmte Vorgaben in puncto Risiko und Rendite einhält, hat die Chance, seine Strategie zu vermarkten. Solche Vorgaben haben etwa Covestor, Currensee und United Signals etabliert. Bei ZuluTrade werden Anleger auf ein Abweichen des Traders von der eigenen Strategie hingewiesen, bei ayondo werden solche Trader in der Karriereleiter herabgestuft.

Deutlich transparenter gegenüber herkömmlichen Produkten sind gleichfalls die Fondsanbieter, die mithilfe der Empfehlungen aus der Anlegergemeinde arbeiten: Beim sharewise Community Fonds etwa sind die Top100-Mitglieder und ihre Empfehlungen bekannt, die den Fonds steuern. Gleiches gilt für die Empfehlungen bei Investtor. Die Macher wollen nun auch die Transaktionen innerhalb des Fonds veröffentlichen. Bei sentix und Intelligent Recommendations werden Teilnehmer der Befragungen mit Daten zur Stimmungslage und periodisch erscheinenden Newslettern auf dem Laufenden gehalten.

Moneymeets schließlich ist mit dem klaren Anspruch nach höherer Transparenz im Fondsvertrieb angetreten. Die Datenbank des Portals listet akribisch die Innenprovisionen im Fondsvertrieb auf, ein Novum.

Unabhängigkeit

Geldanlage unabhängig von den üblichen Strukturen des Finanzsystems: Das war und ist ein Motivator des Social Tradings. In vielen Varianten haben sich die Plattformen mehr oder weniger von Banken, Fondsgesellschaften oder Emittenten anderer Wertpapiere gelöst.

Das gerade erwähnte Moneymeets ist im Grunde ein Kritiker und Partner der Fondsanbieter zugleich. Die Provisionsstruktur der Fonds wird offengelegt, über ihre Rückerstattung wird dem Käufer dieser Produkte aber zugleich ein kleiner Appetithappen überreicht, um sie doch wieder zu kaufen. Vielleicht ist das Projekt ein Beispiel dafür, wie die »alte« Form der Geldanlage mit der neuen verbunden werden kann.

Brückenschläge zwischen der herkömmlichen Art des Investierens und den bestehenden Strukturen gibt es vielfältige. Wikifolio etwa gibt talentierten Tradern oder Vermögensverwaltern eine Bühne, um eigene Handelsansätze unabhängig von einer Bank oder Fondsgesellschaft als Arbeitgeber umzusetzen. Gleichzeitig bedient sich das Unternehmen des Handelshauses Lang & Schwarz, das die Preise für die Aktien und ETFs stellt, die in den Wikifolios gehandelt werden. Zudem verbrieft Lang & Schwarz die einzelnen Strategien als Zertifikate, eine in den vergangenen Jahren durchaus auch kritisierte Produktform.

Alle Fondsprodukte nutzen natürlich die vorhandenen herkömmlichen Strukturen einer Fondsemission aus. Damit ist organisatorisch zum Beispiel eine Kapitalanlagegesellschaft erforderlich, die den Fonds auflegt und verwaltet, sowie eine Depotbank, bei der das gesetzlich geschützte Sondervermögen des Fonds aufbewahrt wird.

Bei den meisten Mirror-Trading-Anbietern ist die Distanz zu den gewohnten Institutionen größer. Die Strategien werden in allen Fällen auf eigenen Plattformen präsentiert. Die dazugehörigen Transaktionen werden entweder über verbündete Partner-Broker oder sogar über eigene Broker abgewickelt. Während bei Currensee, ZuluTrade und United Signals eine mehr oder weniger große Auswahl an Forex- oder CFD-Händlern besteht, gehen eToro und jetzt ebenso ayondo einen anderen Weg: Der Broker ist bereits in das eigene Angebot integriert. Preisstellung, Transaktion und Abwicklung sind damit praktisch in einer Hand.

Noch dazu werden mit CFDs Produkte genutzt, die ebenfalls außerhalb des bisherigen Anlageuniversums angesiedelt sind. Mehr Unabhängigkeit geht derzeit wohl nicht; allerdings erwächst aus dem »One-Stop-Shop« in Sachen Social Trading auch die Notwendigkeit, eine möglichst hohe Transparenz herzustellen.

Selbstbestimmung

Erhöhte Transparenz und die Möglichkeit, unabhängig vom bisherigen Finanzsystem zu agieren: Damit ist es für den Investor möglich, seine Geldanlage so selbstbestimmt wie noch nie zu organisieren.

Die Zahl der über Mirror-Trading-Plattformen angebotenen Strategien geht inzwischen in die Tausende. Alle denkbaren Asset-Klassen sind einzeln als Handelssignale »buchbar«. Der Privatanleger kann sich mehrere Signallieferanten per Mausklick an sein Konto anbinden. Und das zu verschwindend geringen Kosten. Er kann sich eigene Dachportfolios aus Tradern zusammenstellen und ganz nach eigenem Gusto oder seiner aktuellen Markteinschätzung wechseln oder abbestellen.

Eine große Auswahl besteht ebenso bei der Wahl der Instrumente: Tradinglösungen gibt es auf dem CFD- und Forex-Konto, als Index- oder Strategiezertifikat, als Investmentfonds und wohl bald auch als Dachzertifikat und Indexfonds (ETF).

Solche Möglichkeiten ermutigen viele Privatanleger, eigene Ideen umzusetzen. Die Risikovorgaben vieler Portale können dabei helfen, den eigenen Handelsstil zu disziplinieren. Der Hobby-Trader kann zudem eigene Ideen in der Community vorstellen und dann weiterentwickeln.

Nicht zuletzt hat sich eine ganze Branche auf die Suche nach den »Hidden Champions«, den versteckten Talenten, begeben, die bislang privat oder semiprofessionell ihrer Börsenleidenschaft nachgegangen sind. Sie haben nun die Wahl, können sich eine oder mehrere der Plattformen aussuchen, um ihre Strategien öffentlichkeitswirksam zu präsentieren und zu vermarkten. Dass dabei auch eine Reihe von schwarzen Schafen unterwegs ist, ist ein unangenehmer, aber schwer zu vermeidender Nebeneffekt.

Professionelle Trader, die ihr Know-how bislang nur als Investmentbanker, Vermögensverwalter oder Fondsmanager eingesetzt haben, werden von den Angeboten immer mehr an die Öffentlichkeit gelockt. Sie dürften sich vor allem von Plattformen angezogen fühlen, die strenge Zertifizierungsregeln anwenden, ausschließlich Signalanbieter mit Echtgeldkonten zulassen und gute Kontakte zu potenziellen Großinvestoren haben.

Gemeinschaft

»Wir sind das Anlegervolk!« – zwar hat Social Trading noch nicht zu einer Revolution der Finanzbranche geführt, doch Ansätze sind erkennbar. Die Internet-Finanz-Community breitet sich jedenfalls stetig aus.

Mit der nachwachsenden Generation der »Digital Natives«, also der Bevölkerungsgruppe, die mit dem Internet aufwächst, dürfte die Web-Gemeinde noch wichtiger für die gesamte Finanzindustrie werden. Information, Beratung, Transaktion, Verwaltung – alles ist mit Social-Trading-Angeboten möglich. Hier erhält der Zusatz »Social« noch am ehesten die deutsche Bedeutung »sozial«.

Nahezu alle Plattformen haben diese Bedeutung erkannt und bieten Raum für die Entfaltung sozialer Beziehungen. Das geschieht entweder in der eigenen Umgebung oder durch die Einbeziehung sozialer Netzwerke wie Facebook oder Google + .

Der Grad der »Vergemeindung« der Nutzer schwankt von Plattform zu Plattform. Am einen Ende der Skala besteht nur ein loser und anonymer Zusammenhang von Umfrageteilnehmern, wie etwa bei sentix oder Intelligent Recommendations. Diese Teilnehmer erhalten für ihre Mitarbeit einen Informationsvorsprung durch die frühzeitige Bekanntgabe der Umfrageergebnisse. Das andere Extrem reicht bis hin zur engen Anbindung an ein Portal, wie bei eToro, wo es »Gurus« und »Evangelisten« gibt, die wohl das Wort des Herrn Mammon predigen.

Auf vielen Plattformen können sich Trader und Signalanbieter ganz einfach untereinander oder miteinander nach Belieben vernetzen und austauschen. Im Netzwerk von Currensee können sich etwa global agierende »Trading-Teams« rund um den Erdball bilden. Deren Teammitglieder können sich sogar gegenseitig ins eigene Handelskonto schauen.

Die Social-Trading-Gemeinde ist schon jetzt nicht mehr auf einzelne Plattformen beschränkt. In Internet-Foren und Blogs werden die Anbieter kritisch und teilweise im öffentlichen Selbstversuch unter die Lupe genommen. Die Gemeindemitglieder »lauschen« gebannt den Erfahrungen oder geben eigene Erkenntnisse oder Kritik zum Besten.

8 Zehn Thesen zur Zukunft des Social Tradings

Trend oder Nischenphänomen? Irrweg oder Perspektive? Geldvernichter oder Renditebringer? Social Trading ist, wenige Jahre nach dem Start der ersten Unternehmen in Deutschland, noch nicht recht einzuordnen. Die Voraussetzungen scheinen weiterhin günstig. Das soziale Netz ist allgegenwärtig, die Kommunikation über die richtige Geldanlage oder die gewinnbringende Strategie findet überwiegend online statt. Genau wie der Großteil der Transaktionen in Fondsanteilen, Aktien oder Derivaten.

Das Angebot an Produkten und Portalen, die der private Investor abseits der Banken- und Fondsbranche nutzen kann, wird immer größer. Mehr Information, mehr Kommunikation und zum Teil auch mehr Rendite sind mit den Mirror-Trading-Strategien möglich. Das gilt ebenso für die Fondsprodukte, die das »Kollektiv« im Netz nutzen wollen.

Gleichzeitig haben viele der Angebote derzeit noch eine Reihe von Schwächen. Dazu gehören zum Beispiel die vielfach unzureichende Information über einzelne Handelsansätze oder die zum Teil fehlende Kontrolle und Absicherung der Anleger bei hochriskanten Strategien. Nicht zuletzt sorgen Vergütungssysteme oft eher für hohe Handelsumsätze als für Gewinne in den Anlegerkonten.

Einige der Anbieter haben diese Herausforderungen erkannt und passen ihre Kontrollsysteme und sogar ihr gesamtes Geschäftsmodell diesen Anforderungen an. Andere bleiben ihrer bisherigen Strategie unbeirrt treu. Warum auch sich ändern: Der Strom neuer Kunden reißt nicht ab, auf gescheiterte Trader folgen immer neue »Gurus« beziehungsweise »Leader«.

In den kommenden Jahren wird sich Social Trading weiter drastisch wandeln, so viel scheint sicher. In den folgenden Thesen werden einige der Veränderungen beschrieben, die sich bereits jetzt andeuten.

Erste These: Mehr Dialog

Echte Kommunikation ist im Social Trading künftig wichtiger denn je. Anleger wollen umfassend über die Instrumente informiert werden, mit denen sie handeln, ihre Möglichkeiten und Risiken kennenlernen. Verschleierte Kostenstrukturen und Funktionsweisen waren in der »alten Welt« der Finanzbranche ein Grund, warum etwa die Zertifikateindustrie durch die Lehman-Pleite und mit ihr die ganze Bankenbranche ein Imageproblem bekommen hat.

Nicht nur die Handelsinstrumente, sondern auch die »Produkte« der Plattformen müssen besser erläutert werden. Und das sind die vielen Hundert Tradingstrategien, die inzwischen für private Anleger angeboten werden. Sie zu beschreiben und zu diskutieren, ohne dem Trader allzu tief in die Karten zu schauen, ist eine Herausforderung. Letztlich kann aber nur so das Vertrauen geschaffen werden, mit dem mehr Anleger für diese Form der Anlage langfristig gewonnen werden können.

Die Kanäle, auf denen eine solche Kommunikation stattfinden kann, sind technisch bereits vorhanden, müssen jedoch besser genutzt werden. Ein Strom von Kommentaren und Tweets schafft kaum mehr Erkenntnis, sondern eher Verwirrung. Die Plattformbetreiber müssen die Rolle des »Dialog-Managers« übernehmen, wenn sie eine solche Kommunikation herstellen wollen. Der Dialog zwischen Trader und Follower muss dabei moderiert werden.

Genauso ist der Dialog der Anbieter mit den Nutzern ein Erfolgsfaktor für die Unternehmen. Nur wer sein Konzept plausibel macht, ist glaubwürdig. Wer begründet, warum bestimmte Spielregeln wichtig sind, und genau erklären kann, womit er als Anbieter Geld verdient, wird auf lange Sicht Kunden binden können.

Im Dialog mit der Öffentlichkeit schließlich müssen sich die Pioniere des Social Tradings ebenfalls noch bewähren. Medienvertreter sind stets auf der Suche nach Ungereimtheiten und folgen dabei dem ewigen Prinzip »bad news is good news«. Das gilt nach der Finanzkrise im Bereich der Geldanlage noch mehr als zuvor. Wer sein Geschäftsmodell und seinen Mehrwert für Anleger klar begründen kann, sollte das auch offensiv tun.

»Man kann nicht nicht kommunizieren!«, stellte einst Paul Watzlawick fest. Auch wer über sein Geschäft schweigt, sendet eine Botschaft.

Zweite These: Bessere Risikokontrolle

Investorenlegende Warren Buffett hat Derivate einst als »finanzielle Massenvernichtungswaffen« bezeichnet. Einige Jahre vor der US-Hypothekenkrise übrigens, die durch Derivate wie »Credit Default Swaps«, kurz CDS, verschärft wurde. Beim Social Trading, vor allem bei den Mirror-Trading-Angeboten, kommen Derivate wie Zertifikate oder CFDs zum Einsatz. Sie arbeiten mit zum Teil gewaltigen Hebeln. Dadurch kann mit 1.000 Euro leicht der Gegenwert einer Oberklassen-Limousine bewegt werden. Das Potenzial zur »Vernichtung« von Anlegerkonten wird den Produkten wohl niemand absprechen.

Die CFD-Broker bemühen sich zwar, die Risiken in Präsentationen, Webinaren oder Fußnoten auf ihren Internetseiten klarzumachen. An Aufklärungsarbeit gegenüber Social-Trading-Kunden bleibt für die Anbieter aber noch viel zu tun. Diese Anleger sind oft mit den Handelsprodukten noch nicht vertraut. Dass man mithilfe von CFDs mit einer Tradingstrategie in einem Monat seinen Einsatz verdoppeln kann, fasziniert immer noch viele Einsteiger – und zwar so sehr, dass sie oft nicht lange zögern, ihr Geld auf solche Strategien zu setzen. Aufklärung über die Funktionsweisen der Hebelprodukte ist die eine Sache, die Beschränkung des Risikos durch eine bessere Kontrolle der Trader ist die andere. Schwierig ist das vor allem für Unternehmen, die im Social Trading von Handelsumsätzen ihrer Leader und Gurus profitieren. Sie beschneiden sich mit der Einschränkung ihrer Trader damit ein Stück weit ihre eigenen Umsätze und Gewinne.

Wer am Markt in der Zukunft noch als seriöser Anbieter vertreten sein will, kommt um eine solche Beschränkung nicht herum. Risikokennziffern zur Beurteilung der Trader bieten die meisten Plattformen. Alarmfunktionen gibt es ebenfalls, die vor einem Drawdown oder »verantwortungslosem« Handeln warnen. Die Konsequenz, Trader in einem solchen Fall auszuschließen, besteht nicht überall. Eine harte Zertifizierungsphase trennt die Spreu vom Weizen bei den angeblichen Top-Tradern.

Hier sind die Anbieter auf einem ganz unterschiedlichen Stand. Wer Kunden langfristig binden will, und auch wer größere Anlegerkonten für sich gewinnen will, kommt um ein Ausschlussverfahren für erfolglose oder unseriöse Trader nicht herum.

Dritte These: Faire Vergütungsmodelle

Leistung muss sich lohnen. Und Leistung hat ihren Preis. Diese Leitlinien gelten auch für Angebote im Social Trading. Gute Trader werden nur durch entsprechende Vergütungssysteme an eine Plattform zu binden sein. Andererseits muss auch die Leistung des Anbieters selbst honoriert werden – nämlich das Identifizieren solcher Trader und die Bereitstellung einer technischen Struktur.

Eine performanceorientierte Vergütung der Trader ist sicher fairer als eine, die nur nach Handelsaktivität honoriert. Allerdings verlockt auch die pure Renditeorientierung wohl zu erhöhtem Risiko bei den Signalgebern.

Auf der Suche nach fairen Modellen wurden bereits eigene Bewertungs- und Rankingsysteme eingeführt. Sie berücksichtigen neben der reinen Performance zum Beispiel auch die Einhaltung von Risikokennziffern wie Drawdown oder Volatilität. Und sie vergeben Rankingpunkte für die »Lebensdauer« von Handelsstrategien.

Solche Ansätze dürften künftig weiterentwickelt werden. Damit würden auch nachhaltigere Strategien, die konstante, aber niedrigere Renditen erwirtschaften, angelockt. Auf der Kundenseite werden erst dann größere Investoren das Thema Social Trading richtig in den Blick nehmen.

Faire Vergütung heißt nicht zuletzt, dass die Portale, die das Social Trading überhaupt erst möglich gemacht haben, sich finanzieren und wachsen können. Dazu könnten Grundgebühren oder Management Fees auch für die Betreiber eine wichtigere Rolle spielen. Sie erhöhen gleichzeitig die Transparenz hinsichtlich der Geschäftsmodelle. Und machen das eigentliche Trading günstiger, weil die Ausweitung der Spreads als Finanzierungsquelle weniger wichtig wird. Tendenziell höhere Renditen aufseiten der Trader und der Follower wären die Folge.

Vierte These: Neue Produktformen

Verpackungen, in denen Social-Trading-Produkte erhältlich sind, gibt es schon jetzt viele: Neben dem »gemanagten« CFD-Konto sind Zertifikate in der Form von Index- und von Strategiezertifikaten erhältlich. Den Fondsanlegern unter den Anhängern der neuen Anlageform stehen bereits mehrere Fondsvarianten zur Auswahl.

Für viele Privatanleger ist ein Anlageprodukt, das mit einer Wertpapierkennnummer ausgestattet ist und an einer Börse gekauft werden kann, nach wie vor attraktiv. Damit dürfte es nur eine Frage der Zeit sein, bis weitere Strategien in den Mantel solcher Produkte schlüpfen.

Im Zertifikatebereich sind auch Garantie-, Discount- oder Bonuszertifikate denkbar. Warum soll man eher defensiv eingestellten Anlegern nicht eine Strategie anbieten, die mögliche Verluste nach unten abpuffert? Gegen die entsprechende Versicherungsgebühr (über den Einsatz von Terminkontrakten) wären auch Garantieprodukte sicherlich darstellbar. Eine Tradingstrategie, bei der man als Anleger gar nicht verlieren kann! Das würde sich sicherlich gut vermarkten lassen.

Fonds als gesetzlich geschütztes Sondervermögen sind für viele Anleger ebenfalls attraktiv. Das Plus an Sicherheit, das die beschriebenen Kollektivfonds bereits nutzen, können sich auch die Mirror-Trading-Anbieter zunutze machen. Ein Bündel von Einzelstrategien könnte in einem Fonds zusammengefasst werden. Vielleicht ist sogar ein einzelner langfristig erfolgreicher Tradingansatz als Fondskonstrukt denkbar.

Selbst passive Indexfonds (ETF) sind wohl nur eine Frage der Zeit. Indizes werden bis jetzt nur aus einzelnen Tradingstrategien gebildet. Ein Indexfonds könnte als »Best-of«-Produkt auch einen Index auf eine kleine Auswahl erfolgreicher Trader nachbilden.

Noch einen Schritt weiter gehen Produkte, die eine ganze Vermögensverwaltung per Social Trading darstellen. Wenn die Besten der Trading-Champions auf lange Sicht eine Überrendite erzielen, eignen sie sich auch für die langfristige Verwaltung kleiner oder größerer Beträge. In Hegdefonds haben in den vergangenen Jahrzehnten schließlich auch Pensionskassen oder Stiftungen Milliarden Dollar und Euro investiert. Und die konnten die hohen Renditeerwartungen in den vergangenen Jahren nicht erfüllen.

Fünfte These: Social Trading ohne Plattform

Im Web 2.0 mit all seinen technischen Möglichkeiten und Kommunikationskanälen ist der Gedanke naheliegend. Wer Autos übers Internet kauft, braucht keinen Autohändler mehr – warum sollte ein talentierter Trader seine Dienste nicht direkt der Community anbieten?

Technisch möglich ist das bereits jetzt. Die weit verbreitete Tradingsoftware Metatrader hat etwa in der Version 4 bereits einen »Mirror-Trader« eingebaut. Den können Anbieter nutzen, um ihre Strategien zum Kopieren anzubieten. Die Bezahlung kann der Signalgeber selbst festlegen.

Wie sich die Social-Trading-Gemeinde selbst organisieren kann, zeigt Facebook. Einem »Aktien-Club Facebook«, den ein Privatanleger aus Stuttgart vor einem Jahr gegründet hat, sind inzwischen mehr als 2.000 Mitglieder beigetreten. Im Club wird nicht nur über Aktien debattiert, sondern es werden auch Musterdepots zum Nachtraden bereitgestellt.

Die professionellen Portale werden in den kommenden Jahren durch solche Initiativen in Zugzwang geraten. Sie müssen ihre eigene Leistung stärker herausstellen. Vorteile dabei dürften Anbieter haben, die zusätzliche Features aufbieten können, etwa einen eigenen Broker integriert haben oder wichtige Handelsinformationen, wie Nachrichten oder Sentiment- und Insider-Daten, mitliefern können.

Sechste These: Broker als Konkurrenten

Im Rennen um die Kunden im Social Trading haben die Broker eine »Pole-Position«. Sie halten die Transaktion, das eigentliche Geschäft, in ihren Händen. Produkte, Handel, Abwicklung und Regulierung sind schon da. Alles, was fehlt, um einen Social-Trading-Service zu starten, ist die technische Anbindung von Signalgeber und Signalnehmer und vielleicht noch der Aufbau einer kleinen Community.

Bei Alpari, einem der weltgrößten CFD- und Forex-Anbieter mit Hauptsitz in Großbritannien, hat diese Zukunft schon begonnen. Das Unternehmen ist in Deutschland stark vertreten und bietet auch auf einer deutschsprachigen Seite sein »Trader Connect« an. Dort können sich Trader und Follower über die Broker-Seite direkt verbinden, kommunizieren und Trades kopieren. Der Dienst kommt ohne Veränderung der Handelskonditionen aus, es gibt also keine Spreaderweiterung oder sonstige Gebühren. Allerdings auch (noch) keine Vergütung für Trader.

Bislang verfolgen die CFD-Broker solche Social-Trading-Ansätze noch eher spielerisch. Steigt der Wunsch nach einer Vernetzung auf Kundenseite weiter an, dürften einige von ihnen diese Form des Handelns schnell vom »Add-on« zu einem weiteren Standbein ihres Geschäfts ausbauen.

Die Gegenbewegung vonseiten der Social-Trading-Anbieter gibt es freilich bereits ebenso: Beispielhaft ist dafür ayondo, das sich komplett von den bisherigen Partner-Brokern abkoppelt. Das Handelsgeschäft läuft nun ausschließlich über ayondo marktes, den eigenen Broker, der auf der technischen Plattform der verbündeten Gekko Global Markets steht.

Siebte These: Neue Partnerschaften

Die Vernetzung der Social-Trading-Anbieter im Netz ist bereits in vollem Gange. Partnerschaften mit Fondsgesellschaften, Handelshäusern, Börsenplätzen oder Zertifikate-Emittenten gibt es bereits.

Die Wissenschaft, die sich mit dem Phänomen kollektive Intelligenz selbst noch schwertut, könnte hier ein Feld für Forschung und Anwendung gleichermaßen entdecken. Beispielgebend ist hierfür die Zusammenarbeit von eToro mit dem MIT (Massachusetts Institute of Technology). Die Wissenschaftler konnten im vergangenen Jahr die Aktivitäten von 6.000 Tradern auswerten. Mit dem Ergebnis drängte eToro alsbald an die Öffentlichkeit: Das Kopieren von guten Tradern erhöht die Performance angeblich deutlich.

Die Unternehmen könnten mithilfe von Partnern wertvollen Content für das Trading selbst anbieten – ob es Nachrichtenfeeds, Insider-Daten, Stimmungsindikatoren oder allerlei Infos rund um die Geldanlage sind. Kooperationen mit Nachrichtenportalen oder Datenlieferanten wie Finanztreff oder Onvista in Deutschland sind bereits aufgebaut.

Im Gegenzug ist die Vermarktung des eigenen Contents auch für die Plattformen möglich. Für zugkräftige Trader und ihre jeweiligen Aktionen interessieren sich Medienunternehmen. Know-how, das die kleinen Unternehmen beim Aufbau ihrer Portale angehäuft haben, kann in Partnerschaften genutzt werden. Einige von ihnen verstehen sich bereits jetzt vor allem als IT-Dienstleister. Womöglich erreicht sie schon in naher Zukunft ein Großauftrag von einer namhaften Bank mit dem Titel: »Eine Social-Trading-Plattform für meine Retail-Kundschaft bauen.«

Achte These: Kollektive Intelligenz steigt

Die Reizwörter vom »Wissen der Vielen« oder der »Schwarmintelligenz« bemühen viele Akteure im Social Trading. Intelligent eingesetzt wird die kollektive Intelligenz bislang nur vereinzelt. Nur die Fondsanbieter nutzen sie mit ausgereiften Konzepten, und zwar, indem sie den Input von Anlegern bei Befragungen verwenden. Die Methoden werden zum Teil bereits überarbeitet, um bessere Ergebnisse oder eine höhere kollektive Intelligenz zu erzeugen.

Außerhalb von Fondsprodukten werden Formen kollektiver Intelligenz wohl bald ebenfalls stärker eingesetzt. Die Sentiment-Daten, die vielen Anlegern bereits auf der Handelsplattform zur Verfügung stehen, sind eine Spielart davon. Sie geben Hinweise zur Stimmungslage oder zur Positionierung der Investoren am Markt.

Insgesamt gilt: Die Fähigkeiten des Kollektivs zur Einschätzung von Situationen am Finanzmarkt oder zur Prognose von Entwicklungen werden stärker genutzt werden. Anbieter, die solche »Publikumsjoker« verwenden, können ihren Nutzern künftig klare Vorteile bieten.

»Soziale Kollaboration«, also das Zusammentragen von Wissen, spielt bei Social Trading grundsätzlich zwar eine Rolle. Schließlich bringen viele Trader und Anleger ihre Strategien ein. Doch das Potenzial, das in einer Art »Social-Trading-Wiki« steckt, ist bislang noch gar nicht angegangen worden.

Neunte These: Das Imperium schlägt zurück

Für die klassische Bankenbranche ist schon die Orientierung im Web 2.0 eine große Herausforderung. Viele der Vertreter der klassischen Filialbanken haben schon mit einem Internetauftritt ihre liebe Mühe, der bloß für das mobile Banking optimiert ist. Und doch: Mit dem zunehmenden Erfolg von Social Trading wandert weitere Kundschaft ab und zieht ihre Einlagen ab. Das wird die »Old Economy« in Sachen Banking aus der Deckung locken.

Interessante erste Aktivitäten entfaltet bereits jetzt das Sparkassensystem. Der S-Broker ist bei Wikifolio der »für Deutschland empfohlene Online-Broker« und bezuschusst das Social Trading mit den Wiki-Zertifikaten über die eigene Handelsumgebung.

Die Landesbank Berlin (LBB), Teil der Sparkassen-Finanzgruppe, ist der Zukunft besonders zugewandt. Das Institut hat eine Kreditkarten-Kooperation mit dem Online-Giganten Amazon auf die Beine gestellt. Auch in Sachen Verbriefung von Tradingstrategien sind die Berliner am Puls der Zeit. Fünf Strategiezertifikate hat die Bank bereits im Frühjahr gestartet. Vier davon bilden einzelne Strategien erfolgreicher Trader ab, das fünfte ist ein Dachzertifikat aller Einzelstrategien.

Bei Kooperationen und Einzelinitiativen dürfte es nicht bleiben. Wenn es aus strategischen Gründen für die Großbanken Sinn macht, im Social Trading mitzumischen, dann werden sie das mit Sicherheit versuchen. Die Finanzpower und die technischen Möglichkeiten sind vorhanden. Ob die Kompetenz an Bord der großen Finanztanker ausreicht, um den »Schnellbooten« im Social Web etwas entgegenzustellen, bleibt abzuwarten. Offen ist die Frage, ob sich Kunden für eine Social-Trading-Anwendung ausgerechnet der Deutschen Bank oder der Commerzbank überhaupt erwärmen können.

Eine Alternative zu eigenen Angeboten wären Übernahmen in der noch jungen Branche. Warum Know-how und eine gute Reputation in der Community aufbauen, wenn man all das auch käuflich erwerben kann? Man darf gespannt sein, wer sich in den kommenden Jahren mit wie vielen Euro oder Dollar einkaufen wird.

Zehnte These: Die Anlegergemeinde 2.0

Social Trading ist als Trend ein Produkt vor allem zweier Entwicklungen: Die technischen Möglichkeiten des Web 2.0 haben zusammen mit dem Aufkommen sozialer Netzwerke eine neue Sphäre geschaffen. In ihr können sich Anleger selbstbestimmt zum Thema Finanzen informieren und beraten.

Als zweiter Treibsatz kam die Finanzkrise mit einer Entzauberung der Finanzbranche ins Spiel. Zugleich entstanden neuartige Produkte, die zum Teil vollständig ohne Anbindung an herkömmliche Finanzstrukturen auskommen. Von »disruptiven Geschäftsmodellen«, die verkrustete Strukturen aufbrechen, sprechen einige der Investoren gerne, die auf den neuen Trend setzen.

Die bestehenden Plattformen haben sich diese Ausgangslage zunutze gemacht. Sie bedienen zum Teil virtuos die Schalthebel, oder besser die »Buttons«, mit denen die Nutzer des neuen Internets angesprochen werden können.

Die Menschen werden, so viel ist sicher, in Zukunft noch viel stärker als jetzt das soziale Netz in Anspruch nehmen – auch als Investoren. Dafür wird schon die nachwachsende Generation der »Digital Natives« sorgen. Das Social Web bietet ihnen viele Chancen, die Geldanlage transparenter, unabhängiger, selbstständiger und kommunikativer zu gestalten.

simplified

Anmerkungen

1. Wikipedia zum Webbrowser http://de.wikipedia.org/wiki/Webbrowser
2. The Original Wiki, http://c2.com/cgi/wiki?TheOriginalWiki
3. Was ist Web 2.0? Publikation des O'Reilly-Verlags, http://www.oreilly.de/artikel/web20_trans.html
4. Ebersbach, Anja; Glaser, Markus; Heigl, Richard: Social Web, 2011, S. 35 ff.
5. Manager Magazin vom 11.07.2001, http://www.manager-magazin.de/unternehmen/it/a-144388.html
6. Horizont, vom 23.11.2001 http://www.horizont.net/aktuell/digital/pages/protected/Boerse-stellt-Neuermarkt.com-ein_34146.html
7. Manager Magazin vom 11.07.2002, http://www.manager-magazin.de/unternehmen/it/0,2828,204807,00.html
8. Statistik des Marktvolumens für Zertifikate in Deutschland, Deutscher Derivate Verband, http://www.derivateverband.de/DEU/Statistiken/Marktvolumen
9. GfK, zum Global Trust Report 2013, http://www.gfk.com/de/news-und-events/presse/pressemitteilungen/seiten/die-deutschen-schenken-der-regierung-wieder-mehr-vertrauen.aspx
10. Wikipedia-Eintrag »Finanzkrise ab 2007«, http://de.wikipedia.org/wiki/Finanzkrise_ab_2007.
11. Frankfurter Allgemeine Zeitung vom 11.02.2009, http://www.faz.net/themenarchiv/2.1157/staatsgarantie-erweitert-hre-erhaelt-nachschlag-von-10-milliarden-euro-1769487.html

12. Süddeutsche Zeitung vom 21.12.2012, http://www.sueddeutsche.de/wirtschaft/finanzkrise-steuerzahler-stuetzt-bankensektor-mit-billionen-euro-1.1557282

13. Db Research, http://www.dbresearch.de/PROD/DBR_INTERNET_DE-PROD/PROD0000000000241015.pdf

14. Bofinger, Peter, im Vorwort von »Nachdenken über Deutschland«, http://westendverlag.de/westend/buch.php?p = 61&n = leseprobe

15. Finanznachrichten.info am 07.06.2010, http://www.finanznachrichten.info/banken/382-die-lehman-brothers-pleite-hat-ein-neues-juristisches-nachspiel/

16. Stiftung Warentest, am 15.12.2009, http://www.test.de/Anlageberatung-von-Banken-Keine-beraet-gut-1829939-0/

17. Bild-Zeitung, 16.12.2009, http://www.bild.de/ratgeber/job-karriere/schlecht/beratung-renditeversprechen-sicherheit-so-schlecht-sind-unsere-banken-10831868.bild.html

18. ZDF Mediathek, Sendung »Volle Kanne« vom 30.01.2013, http://www.zdf.de/ZDFmediathek/beitrag/video/1831008/Geld-weg-durch-falsche-Bankberatung#/beitrag/video/1831008/Geld-weg-durch-falsche-Bankberatung

19. DSW-Aktionärskompass 2012, http://www.dsw-info.de/DSW-Aktionaerskompass-2012.1876.0.html

20. Fonds Professionell, 20.03.2012 http://www.fondsprofessionell.de/news/aktuelle-news/nid/lipper-quot40-prozent-der-aktiven-fonds-schlagen-benchmarkquot/

21. Faz.net vom18.07.2011 http://www.faz.net/aktuell/finanzen/fonds-mehr/zertifikate-auch-garantie-zertifikate-sind-nicht-ohne-risiken-1766874.html

22. US-Wikipedia zu Social Trading http://en.wikipedia.org/wiki/Social_trading#cite_note-1

23. Surowiecki, James: Die Weisheit der Vielen, 2005

24. Ebd.

25. Schätzing, Frank: Der Schwarm, 2004
26. Der Spiegel, 17.05.2011 Gemeinsam sind wir dümmer
27. Aulinger, Andreas; Pfeiffer, Max (Hrsg.): Kollektive Intelligenz, 2013 (2. Auflage)
28. Ebd.
29. Worldcup Futures Standings, http://www.pfgbest.com/worldcup/futures-forex/standings.asp
30. Williams, Larry: Erfolgsrezept: Kurzfristtrading, aktualisierte Auflage, 2013
31. Ebd. S. 279
32. Tradersworld Online, Porträt Kurt Sakaeda http://tradersworldonline-expo.com/Seasonal-Effects-On-Commodities-Markets-by-Kurt-Sakaeda.html
33. Handelsblatt vom 10.01.2013 http://www.handelsblatt.com/finanzen/fonds/nachrichten/hedge-fonds-herbe-verluste-fuer-superinvestor-paulson/7605246.html
34. Investment Trends 2012 Germany CFD and Forex Report, 2012
35. Thies, Hendrik: Insiders' Guide to CFD-Trading, 2011
36. BaFin-Mitteilung vom 24.1.2013
37. WirtschaftsWoche vom 09.10.2012, http://www.wiwo.de/finanzen/geldanlage/insider-packen-aus-die-zweifelhaften-Geschaefte-der-fx-direkt-bank/7219416.html
38. The Telegraph, 19.03.2012 http://www.telegraph.co.uk/finance/newsbysector/banksandfinance/9152834/WorldSpreads-in-fraud-inquiry.html
39. BaFin-Merkblatt, 12.05.2012 http://www.bafin.de/SharedDocs/Veroeffentlichungen/DE/Merkblatt/mb_120521_finanzinstrumente_derivate.html;jsessionid=FB0B2088D1E7B5B78E4296BB89B23D79.1_cid381

Literaturhinweise

Aulinger, Andreas; Pfeiffer, Max (Hrsg.) (2013): Kollektive Intelligenz, Methoden, Erfahrungen und Perspektiven. 2. Auflage, Steinbeis Edition, Stuttgart Berlin

Ebersbach, Anja; Glaser, Markus; Heigl, Richard (2011): Social Web. 2. Auflage, UVK Verlagsgesellschaft, Konstanz

Everling, Oliver, Lempka Robert (Hrsg.) (2013): Finanzdienstleister der nächsten Generation, Die neue digitale Macht der Kunden, Frankfurt School Verlag, Frankfurt

Lochmaier, Lothar (2010): Die Bank sind wir. Chancen und Perspektiven von Social Banking, Telepolis, Hannover

Surowiecki, James (2004): The Wisdom of Crowds. Why many are smarter than the few, Abacus, London

Theis, Hendrik (2012): CFD-Trading, Die Börse verstehen mit Insider-Tipps, ePubli, Berlin

Williams, Larry (2013): Erfolgsrezept Kurzfrist-Trading, FinanzBuch Verlag, München

simplified

Stichwortverzeichnis